浙江有意思

“浙江有意思”系列

总策划 王 寒

舟山有意思

来其 著

浙江工商大学出版社·杭州

作　者　简　介

来　其

作家，学者，资深媒体人。写过小说、散文、诗歌、评论、非虚构文学作品、电视剧剧本，还有各种新闻体裁作品和学术专著。《舟山有意思》是多媒体时代语境下的一种跨文体写作，它为写作打开了另一扇窗户。

中国作家协会会员
浙江省散文学会副会长
浙江省作家协会散文委员会副主任
舟山市文史研究馆馆员

代表作有：
《美丽的堕落》
《一个人的岛记》
《西方人眼中的近代舟山》（与人合著）
《逐梦远洋》

1

二千零八十五座岛屿构成了舟山这座“千岛之城”。舟山很小，虽然岛屿数量约占了全国岛屿的五分之一，但加起来的陆地面积却只有约一千四百平方千米，相比浙江省陆地面积最大的丽水市，连十分之一都不到。舟山又很大。陆地面积加上蓝色海域，有约两万二千二百平方千米，是浙江省面积最大的市。

到底是“小舟山”还是“大舟山”？小与大，会随时空转换而变。农业社会，黄土文明，它当然很小；海洋世纪，走向蔚蓝，它正处于由小到大的转变中。

就像舟山的面积有两种情况一样，整个舟山就像在变魔术，会从不可能中变出无限的可能来。

2

“我喜欢大海，喜欢海岛，尤其喜欢舟山。”2015 年 5 月，习近平总书记在舟山考察时说。

习近平总书记还说：“舟山现在既是上海国际航运中心的一部分，

又是宁波舟山港口一体化的一部分，将来两个中心合围过来之后，更烘托出这里也是一个中心所在，变成了‘台风眼’。”

定海南洞艺谷，习近平总书记坐在六十八岁村民袁其忠开办的农家乐庭院里说，这里是一个天然大氧吧，是“美丽经济”，印证了“绿水青山就是金山银山”的理念。“你们看，这房子多干净啊，下次来了，咱们就在这儿住。”

这些话，都见诸报端。这是他第十四次踏上舟山。2002 年至 2007 年，他在浙江工作期间，曾经十三次到舟山调研。

3

南洞艺谷是舟山的标志性人文景点，占地面积两平方千米，这里拥有纯净的自然生态环境和浓郁的文化艺术气息。2015 年习近平总书记在舟山市考察时对南洞艺谷做了高度评价。

这里家家户户的外墙都是一幅幅彩绘壁画，色彩斑斓，形象生动。这些充满创意的壁画，使村子顿时灵动起来。

来到南洞艺谷，“群岛美术馆”是不得不去的，它是舟山首个村级海岛美术馆。海洋浮雕、舟山漆盘、船木家具、渔民画……带着海味的艺术品让你倾倒。

如今，南洞艺谷又添上一个响亮的名号——“中国南洞·戏剧谷”。2011 年，幽兰吐蕊，全国戏剧名家聚会南洞艺谷。“哇，这里是一个戏剧的天地！”一个来自法国的女记者如是惊叹。十一位阿拉伯艺术家走进了南洞艺谷的一个艺术工作室，室主张高俊捧出一摞《张高俊画集》赠送给远道而来的艺术家，六十八岁的摩洛哥画家萨义德也拿出他创作的油画集回赠。

南洞艺谷正在被打造为一张国际金名片，各国艺术家、国际友人纷纷慕名来到舟山南洞艺谷参观访问，进行文化交流。他们第一眼看到的是那列“功勋号”绿皮火车。

舟山南洞艺谷就像一列开往春天的国际艺术列车。

4

两个“大红包”，把舟山人砸晕了：

浙江省唯一的国家级新区在舟山，含金量更高的中国（浙江）自由贸易试验区又被舟山“独占花魁”——它的建设范围全部放在舟山，不像中国（辽宁）自由贸易试验区有大连、沈阳和营口三个片区，中国（河南）自由贸易试验区有郑州、开封和洛阳三个片区，中国（湖北）自由贸易试验区有武汉、襄阳和宜昌三个片区。别人是“众筹”，舟山是“独筹”。

中国（浙江）自由贸易试验区

5

过去舟山只有一个特色：渔——舟山渔场，中国最大的近海渔场。

外地客人来舟山，若问老渔民有多少种鱼，老渔民只要唱一曲《抲鱼调》，就能把客人唱得一愣一愣的：

黄鱼黄髭髭，鲳鱼铮骨亮，鳓鱼刺多猛，带鱼眼睛交关亮。虎头鱼须短，望潮鱼须长，乌贼骨头独一梗，箬鳎眼睛单边生；马鲛牙齿快，毛蟹脚长走横向；青鲇鱼，绿央央；黄鲟毛常两样生。鲨鱼样数真多嘛：皮蛋鲨，嘴巴长；和尚鲨，糙绷绷；书生鲨，扁扁相；老鼠鲨，尾巴长；白蒲鲨，铮骨亮；太婆鲨，乌鸦样……

到底有多少鱼、虾、贝、藻类等海产品？五百多种。“东海鱼仓”“中国渔都”名号不是白叫的。

6

舟山渔民最早时在家门口捕鱼，三四天就能打个来回；后来去外海捕，一趟需要半个月到一个月；现在赴远洋，出一趟海要两年后才回家，捕鱼都捕到三大洋公海去了。

第一次去远洋是在1985年。那一年舟渔公司四艘渔轮首航西非，光是从出发至到达就历时四十五天。那时捕来的鱼还没能运回国内，结果发现在国内属经济鱼的鲳鱼，在西非人看来却是“低值鱼”。

之后又尝试到北太平洋渔场钓鱿鱼，这次渔获运回国内了，结果是全国的烧烤摊上都能看见舟山鱿鱼。国人吃的鱿鱼中百分之六十来自舟山。

到了现在，蓝鳍金枪鱼、北极甜虾、北海道帝王蟹、南极鳕鱼、加拿大黄尾鲽鱼、大西洋鳕鱼……全球海产品都“游”进了舟山。秘鲁、斐济、乌拉圭、库克群岛、巴布亚新几内亚，都有了舟山远洋渔业基地。

所以舟山渔民也叫世界渔民。

舟山渔船开向世界

7

舟山渔民李科平，是群众性渔业北太平洋鱿钓第一人。他第一次钓来的鱿鱼，卖了人民币二百七十多万元。那时候还没信用卡，这么多现金他是用四个编织袋装了背着回家的。

8

舟山撤地建市时，喊出的口号是“以港立市”。

相比上海港，舟山港最大优势是深水港。水深大于十五米的岸线有一百九十八千米多，水深大于二十米的岸线有一百零七千米多，堪称全国罕见、世界少有。

位于黄浦江和长江口的上海港，其实只是一个“河港”，而非“海港”——名虽上海，实未“上海”，是洋山深水港开港运营，才使它直接“上海”的。但洋山港位于舟山，是舟山“借”给上海的。

舟山港

9

几乎没有人不知晓普陀山,它的名气比舟山还响。到舟山旅游,会想到去普陀山不稀奇,到宁波、杭州旅游,也想着去普陀山那才叫稀奇。舟山的机场叫普陀山机场,早些年,有人建议把舟山市也改名为普陀山市。

震旦第一佛国,第一人间清净地——四大佛教名山中,观音道场普陀山的人气爆棚。

10

说来也怪,其他像普陀山这般小岛,大多难以见到成片树林,唯独普陀山岛上树木丰茂,古樟遍野,还有世界上最稀有的树——普陀鹅耳枥,全球仅此一棵野生植株,是国家一级保护濒危物种,根据 IUCN(世界自然保护联盟)濒危物种红色名录,属极度濒危物种。

为何全球只有一棵?因为它雌雄同株,浅红色的雌花与淡黄色的雄花不是同时开放,故授粉率极低。难得结出一颗种子,种子又外壳坚硬难以萌发,出苗率自然很低,所以在野生状态下,它一直没有繁衍。

11

普陀山哪怕是一草一木,都会有些与佛相关的故事。

就说这棵普陀鹅耳枥吧,据说它是缅甸僧人约三百年前上山朝拜时带来的。带来时谁也没把它当一回事,不就是一棵树嘛,种植到佛顶山慧济寺后的空地上,让它享受佛光普照,已是天大的福分了。直到后来植物分类学家钟观光发现了它,考证出它是“地球独子”,才使得舟山人民感到如获至宝。

20世纪80年代,林学家们开始人工培育普陀鹅耳枥,培育经过也很神奇。先是缩短雌花和雄花的开花间隔期,这在现代科技条件下不难做到,可普陀鹅耳枥开花期正值台风期,大风一刮加上雨水一淋,还是无法授粉。幸运的是有几年舟山没刮台风,这样才结出了一批种子,这批种子又培育出六十七株幼苗,“地球独子”终于不会“绝后”了。

普陀鹅耳枥

12

如此珍贵的普陀鹅耳枥，舟山人居然没有选它做市树。

舟山市树叫舟山新木姜子——且慢，“舟山”两个字删不得，因为它是舟山特有树种。

舟山新木姜子有个俗名叫佛光树。每年农历二月十九观音大士诞辰，它的幼嫩枝叶上长满了金黄色的绢状柔毛，在阳光照耀下闪闪发光，所以就叫作“佛光树”。

舟山新木姜子是全球木本植物中，唯一以“舟山”冠名的树种。现在你该明白为何不选普陀鹅耳枥当市树了吧！

舟山新木姜子

13

说起舟山特产，现在多了一样：好空气！

舟山不是现在才有好空气，自古以来就有，但从前各地都有好空气，舟山也就没把好空气当回事。现在陆地上雾霾来了，程度轻点的地方还能安慰自己好歹有点“雾非雾”的朦胧感，严重点的地方则已到了遮天蔽日的程度，舟山人就突然发现，自己习以为常的好空气，对很多城市的人来说已是一种奢侈品，至少舟山人还能用空气“洗肺”。舟山空气质量综合指数居然能在全国七十四个城市历次排名中数一数二，能不把舟山好空气拿出来说道说道吗？

14

2013 年，浙江省的高考文综试题涉及了舟山的好空气。

舟山考生捂着嘴巴笑，也有网友酸溜溜地发帖说：“大舟山学子的福利啊！亲切不，激动不？”“我怎么就没赶上呢！”他们有点愤愤不平，这太便宜舟山考生了。

其实也不是，标准答案很简单呀：重工业企业少，大气污染物排放量自然也少；孤悬海上风力大，稀释自净能力强。

15

有人在网上交易平台贴出“出售舟山空气”的广告，价格很亲民，十元钱就能将舟山原装新鲜空气带回家。也有人在网上提议趁机试水“躲霾旅游”，但马上被嗤之以鼻：你不是舟山人吧？

一来舟山游客年年都在增加，用不着靠做雾霾文章来揽客；二来雾霾也不是一天两天才有的事，能叫人天天躲到舟山来？但最根本的是舟山人厚道，不愿做让别人尴尬的生意。

16

海岛“开”进一列火车，从嘉峪关“开”来的，据说是接送为“两弹一星”立下功勋的科研人员的专列，还说乘坐过这列火车的科研人员中，有一对夫妻，妻子是舟山人，在一次科学试验中不幸牺牲了。所以“功勋号”火车退役后，有人就花了几百万元，把它从茫茫戈壁搬到了海岛上的一个新建社区。

从此，很多人就去这个新建社区看火车，不是没看到过火车，也不是觉得海岛上“开”进一列火车有多稀罕，只是觉得有人大老远把火车搬来了，就得去看看，最后连到那儿拍婚纱照的新人也是一潮接一潮。

17

以前去舟山群岛要坐轮船，后来改乘渡轮，再后来有了五座跨海大桥，踩一下油门就到了，就是还没通火车。

不过一百多年前，一位叫王亨彦的舟山名儒，在他的《光绪定海乡土教科书》中，就提出舟山要开通铁道。不得不佩服先贤呀，多么有远见！如今，甬舟铁路就要开工，火车站将建在白泉镇里，而这条铁路的其中一段——从北仑到金塘，还将是海底高速铁路隧道，它比港珠澳大桥的海底隧道还要长近十千米，将成为中国最长的海底高速铁路隧道。有人说，舟山人要么不干，一干就要干成第一，连筑段铁路都能得个第一。

18

这样的"牛"事，舟山人造五座跨海大桥时也干过。

全长约五十千米的五座跨海大桥，从舟山本岛启程，穿越四个岛，在宁波镇海登陆，这样岛陆相连的桥群，可以说是世界罕见、中国独有。

而其中的西堠门大桥，更是创下了多项"桥梁第一""桥梁之最"：

国内第一座在台风区宽阔海面建造的大跨径钢箱梁悬索桥；

世界上最大跨径的钢箱梁悬索桥；

世界上第一座采用分体式钢箱梁的悬索桥；

中国最长、最重主缆，长约两千八百八十米，重约一万零六百一十四吨；

中国直径最粗、强度最高的钢丝绳吊索；

钢箱梁连续长度两千二百二十八米，为国内第一、世界第二；

国内首次采用直升机牵引先导索过海，首次实现不封航作业；

中国悬索桥第一高塔。

还有五座跨海大桥中最长的金塘大桥，其主通航孔桥为全世界在外海环境中建设的最大跨度斜拉桥，它的主跨长度是东海大桥和杭州湾跨海大桥的一点四倍。

驱车驶过五座跨海大桥时，有没有想到过你的车轮正碾过一个个世界之最、中国第一？

19

进入舟山，看到的第一景是跨海大桥，看到跨海大桥的第一眼是颜色，金塘大桥海天蓝，西堠门大桥佛光黄。这颜色有什么讲究？原来蓝色代表海天，黄色代表佛国，舟山的城市广告语是“海天佛国，渔都港城”。两座大桥的颜色告诉你，舟山到了。

如果你是夜里上桥，那么你会看到点点繁星映衬下，西堠门大桥塔顶上盛开着七彩玫瑰，主缆上的点点灯火与星空遥相呼应。夜空下的西堠门大桥如天上银河落入东海，大桥的斜拉索则如竖琴架立，天籁之音仿佛隐约可闻。

但最美的还是雾天上桥，那时大桥在云雾中若隐若现，往下看是大海，往上看是云海，两座高塔在云雾中时隐时现，人在其中犹如置身仙境……

有人说，一到舟山，就被五座大桥震撼了。

海天佛国，渔都港城

20

舟山最早建造的跨海大桥，坐落在嵊泗的一对姐妹岛间。

这对姐妹岛，一座叫东绿华岛，一座叫西绿华岛，两座岛相隔一道两百多米宽的海峡。如此近的两个岛，要是换在其他海域，相互来往只要一条舢板就能搞定。但对这对姐妹岛来说却不行，海峡里潜伏着暗礁，别说舢板了，就是渔船往来也有被急流掀翻的危险。

后来两岛之间建起一座桥，很短，短得舟山人都不好意思称它为桥。却不料，在舟山跨海大桥通车时，这座使用了二十多年却很少有人提起的桥，突然间爆红，原因很简单：它是“第一”，所以舟山人追根溯源想到了它。

“第一”因为“第二”而爆红，只能说明“第二”太强大。

21

2018 年 4 月 6 日，舟山制造的第一艘江海直达轮，满载约两万二千吨铁矿砂，从舟山港起航，涉海进江，四天后抵达安徽马鞍山市的马钢港务原料总厂码头。

海轮进江，最大困难在于穿越南京长江大桥。大桥二十四米的通航限高，最多只能通行一万吨级海船，洪汛期、丰水期则最多只能通行三千吨级船舶。但江海直达轮载重却是二万吨级，因此江海直达轮的主桅被设计成可以卧倒。

过桥一刻，卧倒的桅杆几乎是擦着桥底而过，大桥的第二层铁路上正好有一辆白色列车驶过。一座约五十年历史的大桥，与一艘刚刚横空出世的江海直达轮交会而过，虽然只有短短的一分钟，却仿佛是两个时代的交会。

这趟航行，被官方定为中国航运业江海联运新时代正式开启的标志。舟山人倒很淡定：我捕鱼都捕到西非去了，把大船开进长江算得了什么？

22

不产一滴石油的舟山，2018 年保税船用燃料油供应量达三百五十九万吨多，跃升为中国第一大加油港，并跻身全球十大供油港。

不产一滴石油的舟山，还开了三届世界油商大会。全球产油最多的沙特阿拉伯、石油储量最多的委内瑞拉都派了代表参会。世界油商巨头、世界主要大宗商品交易所和世界主要航运公司高管都来了。

23

舟山鱼山岛上，三万七千人正在紧张施工，炼化一体化程度国内最高的绿色石化基地或将于2020年建成投产。这个项目又要创下很多“世界之最”：

世界上投资最大的单体产业项目；

世界最大的乙烯裂解装置；

世界最大的单台裂解炉；

世界单台最重的加氢反应器。

待到二期项目建成投产后，还将一跃成为世界第五大炼化厂。

24

说起如今最红火的自由贸易港，舟山人会慢悠悠地插一句：五百年前，就有人想在舟山建港了。

这倒也是实情。明朝嘉靖年间(1522—1566)，葡萄牙人占据舟山的六横岛，建立了世界上最早的自由贸易港——双屿港。这事，克路士《中国志》、平托《远游记》等许多葡萄牙人写的著作中都有记载。这些作者大多是游历家、探险家、商人和传教士，有一些还是当年建立双屿港的见证者。

在他们笔下，当年双屿港繁荣了二十多年，港内云集大小船舶，钟楼、民居、教堂、商铺，鳞次栉比。除了葡萄牙人、中国人，岛上还有倭夷（日本人）、彭亨人（马来人）、暹罗人（泰国人）等，甚至还有东非的黑人。

25

当时葡萄牙人从事的贸易形式是：与中日私商合伙，从满剌加（现马来西亚马六甲州）等地贩来胡椒、香料等东南亚特产，运到双屿港，再到宁波沿海与当地商人交换丝绸、棉布等，然后运往日本出售，换回白银。葡萄牙人也从双屿港出发，扬帆到闽浙沿海从事买卖，甚至深入长江内河各港口。

由于日本盛产白银，到那里可以赚大钱，葡萄牙人在与中国和日本的三角贸易中获利甚厚，到双屿港定居经商的葡萄牙人迅速增加，双屿港成为东南亚、中国东南沿海、日本大三角贸易市场的中心。

约五百年前，当大部分中国人还是面朝黄土背朝天时，舟山这块土地上，已有人做世界生意了，尽管不是中国人。

26

过去有艺术史家说过：西洋美术传入中土，是从利玛窦开始的。

实际上这是错的，葡萄牙人占据双屿港时，岛上天主教堂窗户上就已有西洋画，这比利玛窦到澳门要早三十多年。

了解了舟山，许多史料都得改写。

27

双屿港，并不是凭空出现的。

明朝海禁政策扰乱了长期形成的贸易秩序，导致走私贸易横行。嘉靖二年(1523)“争贡”事件后，朝廷罢撤宁波、泉州、广州三地的市舶司，禁止中日朝贡贸易，日本商人从此以沿海荒废岛屿为基地，进行海上武装走私贸易。

葡萄牙人来到双屿港的时间就在嘉靖初年。六横岛孤悬于离舟山本岛三十余千米的大海中，岛民早在明朝初年就已内迁了，岛上长期无人居住，葡萄牙人上岛时没受任何阻挠，这个岛的地势也极有利于走私贸易。

但双屿港的繁盛出现在倏忽间，也消失在倏忽间。

一个遭中国商人欺骗的葡萄牙商人，纠集歹徒流窜到大陆村庄泄愤，抢劫杀人。此事上报后，朝廷派遣福建水师三百八十艘战船、六千余名官兵突袭双屿港，一把大火把双屿港焚烧殆尽，许多中国人、葡萄牙人以及葡萄牙人所带来的黑人，被官军或杀或擒。

片刻之间，繁华一时的双屿港，被填塞港口，再次成为“驱遣之地”。这一战，葡萄牙人受到重创，不得不离开浙江，避走福建沿海，后又数次被逐，辗转奔走多处，最后才在澳门落脚。

28

《经济日报》记者程远，写了篇《舟山，再造个“香港”如何》，刊登在

1992年7月15日的《经济日报》上。虽说此前邓小平同志讲过,内地还要造几个“香港”,但舟山再造一个“香港”,当时不少舟山人还是觉得有点匪夷所思。

那时候,不少从没来过舟山的外地人,遇到舟山人还要问,你们那里打篮球会不会滚进海里去。程远到了舟山,发现城里十三层以上高楼,包括在建的只有五座,夜里霓虹灯仅有一处,连他自己在文章开头都说:“舟山,建成一个‘香港’,荒唐吗?”但文章结尾,他却说:“如果我们不能把舟山造成一个‘香港’,我们就辜负了‘大自然’对我们的厚爱,也将愧对子孙。”

智者能从不可能中看到可能,程远算个智者吧。

29

定海古城有条小弄,叫钞关弄。

现在人们大多不知道钞关是什么,钞关就是海关。清人顾公燮考释:“元末钱多银少,议行纸钞。明太祖登极,设立天下各关隘,命以钞纳税,渐次收尽,故名钞关。”(《丹午笔记·钞关》)后来,明朝通行的纸币宝钞作废了,钞关的名称却沿用不变。清朝沿袭明朝关税制度,这一名称也就遗留下来。

定海钞关弄,来历不同寻常。康熙年间(1662—1722),中国有四大海关,其中浙海关署曾设置在定海,所以才有了钞关弄。

30

康熙二十四年(1685),清朝设立粤、闽、浙、江四个海关与外国通商。过了十几年,浙海关监督张圣诏上奏朝廷,要求将关署从宁波移驻定海。

为何要移关?在这位浙海关最高长官看来,“定海岙门宽广,水势平缓,堪容外国大船,可通各省贸易,海关要区无过于此”。“无过于此”也就是说,没有比这里更好的了。

这还不是张圣诏一个人的见解。他的前任常在,也打过报告要求移关。他在奏折中说得更干脆:“初设海关时,定海尚未置县,故驻扎宁城。”(《定海县志》)换句话说,要是当时定海已是县城,设立海关就没有宁波的事了。

31

浙海关移关,朝廷开始不同意,后来同意了。同意与不同意都因为一个字:钱。

常在估算,移关到定海,每年可增加税银万余两。“万余两”是什么概念?当时浙海关年税额为三万余两白银,也就是说,移关定海可增税银约三分之一。

多收税银,朝廷自然喜欢,但又觉得,移关到定海,宁波府城的贸易必然受损,定海又要建造关署,还得花钱。那时朝廷很穷,穷得连建造海关衙署的钱,都要计较一番。

在常在打报告四年后，继任者张圣诏又一次打了报告，这回朝廷同意了。同意的原因是张圣诏报告里说，定海海关衙署由他来设法捐造，不花朝廷的钱。

牛人，这就是牛人。

32

舟山引起英国人关注，最早是在明崇祯十年(1637)。该年6月，英王查理一世派遣东印度公司威德尔率五艘商船来华，威德尔选择的登陆点之一是舟山群岛。但英国船队8月要求进入广州城贸易遭拒绝，9月强行进入购买一批中国商品后，换得广州政府一纸声明："红夷今日误入，姑从宽政，日后不许再来。"威德尔本欲北上舟山，这样就无法成行了。

1683年，舟山洋面上开始出现英国商船。

1685年，清政府设立浙海关后，来舟山进行贸易的英国商船更加频繁。

1698年，浙海关由宁波迁移到定海，使英国商人到舟山的贸易量猛增。

33

在中英舟山贸易中，英国东印度公司扮演着极其重要的角色。东印度公司从创立的17世纪初叶起，便主导了英国对远东的贸易，直至1834年该公司对华贸易垄断权被终止。其间中英两国贸易的历史，实际上就是英国东印度公司对华贸易的历史。中外史料记载，英国东印度公司对舟山的贸易，主要集中在1700年至1736年、1755年至1757年两个时间段。

34

1700年，英国东印度公司在舟山建立管理会，派遣商务监督驻扎定海，设立事务所，负责管理英国商人来浙江的贸易事务，把舟山作为对华贸易的重要基地。

根据《东印度公司对华贸易编年史》，这一年东印度公司派出五艘商船来到舟山采购，携带资金共计十七万二千英镑，而同年派赴厦门的只有一艘商船，携带资金三万六千英镑，派往广州的也只有两艘商船，携带资金合计四万六千英镑。

但这种盛况并未持续很久，英国商船来舟山贸易的次数逐年减少，在1736年以后甚至没有一艘英国商船来此贸易的记录。

这种情况发生的最主要原因，是定海没能建立起比较繁荣的交易市场。定海设海关后，英国商船开始就近在定海经商，"故定海亦有市廛，互相交易"，但起初几年，货物未能在定海囤积，必得装运宁波，所以定海的商铺寥寥无几，"不及宁波十之三四"。（《西洋船泊定贸易始末》）也就是说，只有货运码头，没有贸易自由区，市面仍不是很繁荣。

然而，这并不代表英国人放弃了对舟山这个贸易良港的渴望，他们时时刻刻在寻求机会重新回到舟山。

35

1753年,英国东印度公司决定重新开展与舟山的贸易,一方面希望再次在长三角区域开辟更大的市场,另一方面由于长期在广州贸易,经常受到粤海关敲诈勒索,于是东印度公司开始寻觅其他贸易口岸以分散对广州的依赖。他们将目标锁定为舟山。

1755年6月,英国东印度公司派大班喀喇生与汉语翻译詹姆斯·弗林特(中文姓名洪仁辉)等五十八人,带着四箱银圆(每箱四千枚)、十三箱英国酒(每箱一百二十瓶),乘两艘商船到定海,购买和换取中国的丝、茶。7月,又有一艘英国商船到达定海,这艘船带来银圆二十万枚,以及黑铅等货物。

第二年,东印度公司又有两艘商船抵达定海港。

这时候,对于舟山来说是一次机会,如果清朝政府在稍稍开放和更加封闭之间选择的是前者,那么舟山的许多历史将改写。

36

英国人为何喜欢来定海交易?钱塘江水系流经的浙、赣、皖三省毗邻地区,为著名产茶区,茶叶从舟山出口,只需将货物沿着钱塘江水系运往宁波,再转走舟山海道便可。这比从广州出口,需要向西入鄱阳湖,经赣江,越大庾岭,方便多了,茶叶质量也不会有太大折损。

地理位置决定一切呀。

还有,舟山地方官不贪心,或者说不太贪心。洪仁辉在给东印度公司的汇报中说，在此地缴纳的船钞和货税，不到广州的半数。为此，他建议：两年以后，公司可以在该地订购全部货品。

37

可惜到了1757年底，乾隆帝下令："明岁赴浙之船，必当严行禁绝。此地向非洋船聚集之所，将来只许在广东收泊交易。"

1759年，英国商人洪仁辉不顾清政府的禁令到达舟山海域，试图再次进港贸易时，遭到了当地官员的拒绝。至此，一口通商成为定局，英国等西方商船被迫退出了浙江沿海各口岸。

从康熙开海禁到乾隆的一口通商，这段舟山历史上罕见的对外开放和中外贸易历史，虽只持续了约半个世纪，但给英国人留下的印象实在太深了，自此之后他们一直认为舟山是中国最理想的海上自由贸易基地。

38

现在的钞关弄，长约七十五米，宽约二点五米，既狭窄又短小。小弄两边，低矮小屋夹杂着一两座旧宅院，难以相信这里是三百多年前舟山最繁华的地方。

或许历史也像人一样，会选择性记忆。把开放视作险境的年代，开放的痕迹，特别是开放带来的繁荣的痕迹，能抹去的就要尽量抹去。那时候定海还有个"红毛馆"，一个专门接待外国商人的会所，在禁止英国商船到定海做生意的圣谕下达后，也马上被拆毁。钞关弄的命运大概也是如此。

39

1793年,也就是乾隆五十八年,英国向清朝派遣了一个使团,全权特使叫马戛尔尼。历史上,这是英国第一次派使团访问中国。

于是,大清帝国和大英帝国,这两个当时世界上的顶尖强国,有了第一次正式的国家级官方交往。

这次访问与舟山有关。使团临行前,英国内务大臣敦达斯给马戛尔尼下达了"七点建议",其中第一点是为英国贸易在中国开辟新的港口,第二点是尽可能在靠近生产茶叶与丝绸的地区获得一块租界地或一个小岛,让英国商人可以长年居住,并指出这两点在所有建议中最为重要。敦达斯在训令中又特别指出,这地方最好在北纬二十七度至三十度之间。显然这地方包括舟山。根据这个训令,马戛尔尼携带了各种有关资料,其中包括英国商船前往舟山贸易的航海日记和舟山群岛图。

40

清代还没有飞机,外国使团来访都是乘坐军舰的。马戛尔尼乘坐的是装有六十四门火炮的"狮子号"战舰。

尽管英国人想从舟山登岸,但按惯例是到不了舟山的。朝廷规定,"外夷"各国,凡遇进贡,按例只能从广州上岸,呈上贡单副表,然后走陆路上京。

但英国人找了个理由，说贡品由陆路转运会有损坏，要求使船沿海岸线一路北上。当时整个朝廷都误以为英国人是来为乾隆祝寿的，皇帝龙颜大悦之下，格外开恩，应允了英国人的要求。

这样，英国人毫不犹豫地把登陆的第一站选择在舟山。

41

关于“狮子号”战舰访华，英国人记录了他们对舟山地处北纬三十度的地理位置感兴趣。

古代舟山人不可能有纬度概念，就是在当代，也是近年才有人关注到北纬三十度对于舟山的意义，经市人大代表提出议案，在新城建起“舟山北纬 30°”地理坐标雕塑。

沿着这条纬线在地球绕行，有许多神秘莫测的自然奇迹和文明之谜：地球山脉的最高峰珠穆朗玛峰；海底最深处马里亚纳海沟；尼罗河、幼发拉底河、长江、密西西比河，均是在这一纬度线入海；古埃及金字塔、狮身人面像，北非撒哈拉沙漠的“火神火种”壁画，死海，古巴比伦的“空中花园”，神秘莫测的百慕大三角区，玛雅文明遗址，也都在这条纬线上。

在 1793 年，英国人就已关注到舟山同样处于北纬三十度，当时这块封闭了一个多世纪的土地，对他们来说同样是神秘莫测的。

42

英国人到舟山，先在六横岛——也就是曾被葡萄牙商人占据后开辟为自由贸易港的那个岛——上了岸。这个岛虽然早在汉代就有人居住,但经明初、清初两次迁徙,当时已是蛮荒之地。英国人上岛时,岛上居民大多是康熙年间从宁波、镇海、象山、奉化等地陆续迁入的,住在靠近海边的几个岙口。真不知道英国使团为何要先在六横岛登岸,难道是要重温葡萄牙人的旧梦?

后来英国人在回忆录中写道:六横岛是群岛之中除了舟山本岛以外最好的一个,人口很多,有万人。

43

现在被许多人津津乐道的"英人笔下的东方威尼斯",就是出自英国使团那次在舟山的登陆之行,见斯当东《英使谒见乾隆纪实》(叶笃义译,上海书店出版社 2005 年版)。他是这样写的:

"在欧洲的城市中,定海非常近似威尼斯,不过较小一点。城外运河环绕,城内沟渠纵横。架在这些河道上的桥梁很陡,桥面上下俱用台阶,好似利阿尔图(利阿尔图[Rialto],意大利威尼斯城内一个有名的桥,建在 1590 年。——译者)。街道很狭,好像小巷,地面铺的是四方石块。房子很矮,大部分是平房,这点与威尼斯大不相同。这里的建筑物上独对于房顶特别注意。椽上的瓦抹上灰泥使其不致在大风雨中刮掉。房脊的建筑形式好像帆布帐篷,上面用泥、石头或铁做成许多奇怪的野兽或其他装饰模型。城内服装店、食品店和家具店很多,陈列布置得相当讲究。棺材店把出售的棺材都漆成鲜明强烈的颜色。供人食用的家禽和四足动物等大都是出售活的……鱼在水桶里,鳗在沙土里，都是活着出售。供庙里烧的锡箔和香烛店非常多……"

这是两百多年前的舟山。

44

《帝国掠影——英国访华使团画笔下的清代中国》（刘潞、吴芳思编译，中国人民大学出版社 2006 年版）第七章"中国建筑"中，有一幅《舟山港的南门》，列该章首页。

英国使团副使斯当东在《英使谒见乾隆纪实》中记录道："城墙高约三十呎，高过城内所有房子，整个城好似一所大的监狱。城墙上每四百码距离即有一方形石头碉楼。胸墙上有枪口，雉堞上有箭眼。除了城门口有几个破旧的熟铁炮而外，全城没有其他火力武器。城门是双层的。城门以内有一岗哨房，里面住着一些军队，四壁挂着弓箭、长矛和火绳枪，这就是他们使用的武器。"

清朝一代，建于康熙年间的定海城池，曾在嘉庆十八年（1813）、道光二十七年（1847）、同治十年（1871）和光绪年间（1875—1908）有过几次修葺，其中道光二十七年那一次，是因原城墙被兵燹所毁，几乎是重建。因此，《舟山港的南门》画的应该是康熙年间的定海城门。对照康熙《定海县志》上的记载，"东南西北四门""门上飞楼四座""窝铺三十八座"，也与此画所绘相吻合。借助这幅画，我们终于看到了两百多年前定海城门的真实模样。

依照《帝国掠影——英国访华使团画笔下的清代中国》中的《舟山港的南门》所绘的定海城门

45

《帝国掠影——英国访华使团画笔下的清代中国》第七章“中国建筑”中，还有幅《定海塔》。

这座“定海塔”，三层高，每层有八角飞檐，檐角悬有风铃随风作响。

民国《定海县志》卷首“列图”中，有奎星阁的照片，与英国人所绘的“定海塔”极为相似。

奎星阁在鳌山墩，一个高仅十余米的小山丘上。“奎星”有“奎主文昌”和“高明定邑”之义，维系着一城文脉。

历来认为，奎星阁是道光十六年(1836)定海县知县王丕显发起兴建的，他还撰有《奎星阁记》。但英国人所绘《定海塔》的发现，使这段历史记载令人生疑，或许在道光十六年之前定海已有奎星阁，奎星阁的历史也许至少要提早半个世纪。

46

英国使团在舟山停留后继续北上。马戛尔尼终于在热河行宫的万树园觐见了乾隆帝，呈送了乔治三世给乾隆的书信。乾隆以赐英吉利国王敕书的形式，毫无通融地回绝了乔治三世提出的通商和互派使节等要求。这些要求还包括：准许英国商人在舟山、宁波和天津贸易；准许他们把舟山附近一个属于非军事区的独立小岛作为仓库，堆放未售出的货物，并当作其居住地来管理。

放开来讲，从清朝初年到鸦片战争前，英国一直试图打开中国国门，与中国进行通商贸易，英国人眼里最理想的商埠是舟山。马戛尔尼出访大清帝国之前，接奉了英国政府的训令，训令强调指出，使团必须向中国政府说明英国对中国绝无领土野心，只为扩大通商互惠，要求中国政府划出片地或岛屿也只做英商储货及居留之用。如果中国方面要求英国不得由印度进口鸦片，则应立即承允，切勿因此影响其他重大利益。至于重大利益，即获得在舟山等地的中英贸易特许。这样，整个清朝前期特别是1793年，舟山成为中英两国特别是英国的关注焦点。

47

与英国政府一心想求得中国对外开放贸易的愿望相反,清政府那时的对外政策却是从相对开放转向完全封闭。而且,在乾隆王朝的观念中,是没有国与国之间互惠交易之说的,外交关系上仍视其他国家为藩属或蛮夷之邦。

使团回程到了杭州后,主要成员继续走陆路,抵达广州出海回国。另一支只有十三人的小分队,带着六百余件行李,从海上出发至广州。这些行李除了乾隆的恩赐之物外,还有不少茶叶、丝绸。

这是乾隆给予的特例。他在给浙江巡抚的圣谕中说:"该国此次航海远来,倾心向化,回船之便,欲于该处购买物件,自可准行。但此后不得援以为例。"(《英使马戛尔尼来聘案》)

乾隆甚至还对怎么购买这样的细节做了推敲,规定:不用英国人自行购买,只需要他们开具一张购买清单,由驿站递送到浙江,再由浙江巡抚将清单交给船上英国官员。所需物件也由浙江巡抚派人会同该英国官员照单购买,公平交易,随船带走,而且免税。

马戛尔尼对此十分感激,觉得不用这么麻烦当地官员,因为小分队中有一个专职人员,只要皇帝传谕浙江官员批准购买,他们自能料理,便是恩典了。

但马戛尔尼不知道的是,乾隆颇费周折地在如何购买上动脑筋,本意是严禁舟山人与英国人私来潜往、贸易交流。

48

给浙江巡抚的圣谕中，还有一道严令，即不能让滨海之民勾结外夷，最为重要。浙江巡抚长麟接到圣谕后，经过调查，查出了英国商人于乾隆二十一年(1756)在舟山贸易时，曾拖欠一家商铺一万五千两银子，于是以此警告各家商铺，不能再与英国人交易。这受到了乾隆称赞。

在这样的形势下，一个名叫郭杰观的定海监生，由定海知县带到宁波府衙门。长麟认为他是个勾结英国人的危险分子。

郭杰观的父亲郭端，在乾隆十九年(1754)英国商船到定海时，与英商做过买卖。乾隆五十八年时，郭端已病故二十年，郭杰观也年逾五旬了，在家乡以训蒙度日，赡养老母。他小时跟父亲学过几句英语，只是日常用语，还是被接到圣谕的地方官认作“奸民”。

此事连皇帝也惊动了，下圣谕说：“着即派要员伴送由别路进京备询。”所谓“别路”，就是要走与英国使团回程不同的路，以免双方相遇。乾隆五十八年(1793)，郭杰观被押解进京，军机大臣亲自提审。郭杰观申诉说，此次英吉利船到定海时，来的夷人他都不认识。反复提审后，军机大臣认为郭杰观没有问题。但是，乾隆还是不放心，于是他令大学士阿桂、和珅给浙江巡抚发了一道密旨，要他吩咐地方官，随时留心查察，毋令滋事。

剑依旧在郭杰观头上悬着，随时有可能落下来。谁叫他有个与英商做过生意的父亲！谁叫他还会说几句英语！1793年的舟山故事就以一个小人物的悲剧终场。

49

过了二十三年，到1816年时，英国使团又来了，这回全权特使换了人，叫阿美士德。

这时中国皇帝也换人做了，变成了嘉庆皇帝。

英国人此次来，是听说中国新皇帝鼓励变革，若出使中国也许会取得成效。显然，他们还没放弃有关通商的外交努力。

使团舰队又一次经舟山洋面北上到大沽口进京，有四艘使船在舟山五奎山洋面停泊好几个月。使团向清朝政府提出的要求中还是有开放舟山一项。但嘉庆皇帝比他老子更绝，对英国使团连见都不见。

50

鸦片战争中，英国将定海作为首要占领目标，先后两次攻占舟山。

不能否认，清朝前期特别是1793年，对于中国而言有过一次融入世界自由贸易的机会，有着比后来被迫开放门户更好的选择。假如清朝统治者在稍稍开放与更加封闭之间选择前者，之后的中国历史或许将改写，舟山也有可能在那时起就成为世界著名的自由贸易港。

任何一种历史选择都由历史条件自然形成，从这个意义上说，历史不能假设，也无法假设。但这不是说对历史不能有遗憾，对于历史的遗憾，也许能够成为对当下的推力。

51

鸦片战争使舟山与远在千里之外的香港有了紧密关系。

第一次鸦片战争中，侵占舟山的英军从舟山撤退，是以强行占领香港为前提的。但义律与琦善签订的以香港换舟山的《穿鼻草约》，不仅道光帝没批准，消息传到伦敦，英国外交大臣巴麦尊也暴跳如雷。

在英国人眼里，最理想的还是割据舟山，退而求其次才是香港。于是内阁会议决定：舟山必须重新占领。义律和琦善，都被本国政府“问罪”。这样就有了英军第二次攻占定海，六昼夜激战，清朝三总兵战死的后续。

52

1842 年 2 月 16 日，距英军第二次占领定海四个多月后，英国驻华全权公使璞鼎查宣布定海为自由贸易港，对任何国家的任何船只，不收任何关税、港口税和其他捐税。

这是舟山第二次成为自贸港，与第一次一样是被迫的。

那时候，随着上海、宁波的开埠，中国对外贸易的重点开始由南东移，上海很快取代了广州的地位，上海、宁波、舟山成为外洋商船往来最稠密的地区，舟山则处于联络东南各通商口岸的中枢地位。这样一来，舟山港又一次商船云集，货栈堆积，美国、法国、荷兰、丹麦等国都来要求利益均沾，各国商船有的从香港转道，有的直接从欧美来，在舟山锚泊，装卸货物，补充淡水、食品。

但现在很少有人提及这段历史，因为这种贸易盛况，毕竟是枪口下的虚假繁荣。

53

被强迫的自由港时间，为期约四年半。

被强迫的原因是，中英签订的《南京条约》规定，英国军队退出舟山有个前提：中国对英国的二千一百万银圆赔款全部交清。1846 年 7 月 23 日，赔款交清了，英军才撤出舟山，撤出前又迫使清政府答应“舟山岛永不割让他国”。

54

鸦片战争是中国近代史的开端，这是教科书上已有定论的。战争期间，第一次定海之战后清朝的领土第一次被外人侵占，舟山史学工作者认为这场战争才能算鸦片战争的正式开场，著名鸦片战争史研究专家萧致治教授赞同这一观点，认为说得也很在理；第二次定海之战则是整个鸦片战争中战斗最为激烈、中英双方伤亡最为惨重的一战。因此可以说，中国近代史是从舟山开始的。

当年战争旧址，现建有鸦片战争遗址公园。这是屈辱开始的地方，也是时刻警醒我们要保持开放、自强不息的地方。

55

香港回归后成立特区政府，第一任行政长官是舟山人董建华。2017 年，香港回归二十周年，另一位舟山人林郑月娥出任香港特区第五任行政长官。

董建华的父亲董浩云，是“世界七大船王”之一。他 1912 年出生在舟山定海，年幼时移居上海。林郑月娥在 2015 年香港举行的甬港经济合作论坛上，介绍自己母亲是宁波人，父亲是舟山人。但因为祖辈很早离开舟山，加之父亲已过世，所以家乡具体的位置无法描述清楚。后来经过考证，确定林郑月娥的祖居地在舟山长峙岛附近。

56

鸦片战争时，有个叫穆炳元的舟山人，被英国人俘虏了。这个人有点语言天赋，在和英国人混的日子里，居然把英语“混”会了。

1843 年上海开埠，舟山人穆炳元是第一个非粤籍康白度（买办）。由于上海人很难听懂粤语，穆炳元几乎包揽中英在上海的一切外贸交易。姚公鹤在《上海闲话》里提及，无论何人有了大宗交易，必央求穆炳元做中间商。穆炳元不仅自己做康白度，积攒成巨富，还广收舟山同乡青年为学徒，教习他们英语及有关对外贸易的手续和事项，学会后引荐给外商，自己从学徒身上提成抽利。就这样，穆炳元和他的学徒们成了活跃在上海的康白度群体。

57

穆炳元之后上海滩最大的买办也是舟山人，他叫朱葆三。

1897 年，清政府以官商合股方式开办中国第一家华商银行——中国通商银行，银行设在上海外滩七号，朱葆三作为商股大股东出任总董事，当时他做买办已做成富豪了。

与穆炳元不同，朱葆三当买办赚了钱后，开始做实业。他投资的榨油厂、面粉厂、纱厂、自来水厂、电厂、纺织厂、银行、轮船公司等等，遍布国内几大商埠，投资总额达到规银两三百万两。他可谓当时国内实业界巨头之一，还当过上海总商会会长和全国商业联合会会长。

那时的上海公共租界工部局，还破例以华人之名命名了朱葆三路，这条路就是现在上海的溪口路。

做实业的朱葆三

58

朱葆三之后的上海滩商界领袖叫刘鸿生，还是舟山人。

刘鸿生也是一位奇才。他先给英商的开滦矿务局当买办，跑到江浙一带，劝说石灰、砖瓷、陶器等窑户改烧煤炭，并当场做试验，结果证明烧煤比烧柴成本要低。刘鸿生用船将煤运到窑地，按煤价收取窑户制成品，用原船运回上海转卖，两头赚得利润。第一次世界大战爆发后，矿务局洋大班回国前把存煤出让给了刘鸿生，刘鸿生在长江三角洲和长江沿岸广设煤号，两年时间收益达一百三十万两之巨，他开始被人称为“煤炭大王”。

他用赚来的钱创办了火柴厂，因五卅惨案后全国抵制外货，他的火柴销路大好，火柴厂又变成了全国最大的火柴公司，由此刘鸿生又得了个“火柴大王”的称号。之后他又一口气创办了水泥、毛纺、搪瓷、煤矿、航运和金融等十多个企业，人们就给他加上了“企业大王”的桂冠，他由此成为盛极一时的商界巨子。

这位舟山人的运气实在太好了。

59

在我们自小学到的知识中，以及诸如《子夜》这样的小说中，买办一定是与民族资本家对立甚至水火不相容的，但事实上根本不可能这样泾渭分明，像朱葆三、刘鸿生这两位舟山买办，恰恰开创了中国新式产业的风气之先。

这倒不是舟山人的特例了。孙毓棠的《中国近代工业史资料》对中国八十一家早期民族资本工矿企业主要创办人原有身份做了统计，买办及买办商人创办的企业有二十九家，占总数的约百分之三十六，远远高于一般商人、华侨商人、官僚地主、手工作坊主创办的企业比例。这是因为，作为买办，他们最先了解西方现代的经营方式，具有当时大多数中国人所没有的开创力。

60

舟山人祖祖辈辈闯荡大海，眼界开阔，到了近代特别能领风气之先。

最早在上海创办钱庄的并不是舟山人，但新式银行业兴起后，舟山人却捷足先登了。

煤油是19世纪末进入中国市场的，《定海县志》载："经理煤油亦邑人特擅之业也，美孚、亚细亚二大公司其各埠分销处几十之六七由邑人承办。"

61

在沪"宁波帮"商人中，除了领袖人物朱葆三、刘鸿生是舟山人外，还有多少舟山人呢？

《定海县志》载："光、宣以来，商于外者尤众。"这说的是最早外出从商的时间，同"宁波帮"商人的出现属同一时代。"迩年侨外人数，几达十万，家资累巨万者，亦既有人。""侨商以上海、汉口两处为最多，当不下二万人。”据1946年统计资料，宁波旅沪同乡会中的舟山商人达一千七百七十五人，而在上海的舟山籍人士，光是成人就有五万左右。

这些舟山人，最喜欢在外国商行或银行中谋职。《定海县志》载：“充任各洋行之买办所谓康白度者，当以邑人为首屈一指。其余各洋行及西人机关中之充任大写、小写、翻译、跑街，亦实繁有徒。”

19世纪末，清廷将进口商品的税厘征收包给买办商人，包税者往往可以从中获取巨额利润。舟山商人在沪充任洋行、外国银行买办和掮客，往往能以此致富再经营他业。

62

当然，更多舟山人并没这么好的运气，他们“在沪上轮埠充当苦力者，谓之码头小工，妇女则多佣于沪上住宅”(《定海县志》)。此外还有一个去向是到船厂、纱厂、烟厂、面粉厂当工人。

舟山人世代出没于惊涛骇浪中，“彼航海者，其所求固在利也，然求之之始，却不可不先置利害于度外，以性命财产为孤注，冒万险而一掷之”“此古来濒海之民，所以比于陆居者活气较胜，进取较锐”(梁启超《地理与文明之关系》)。在上海这个冒险家乐园里，他们中的一些优秀分子也就如鱼得水。

如一个叫周祥生的舟山人，十三岁到上海做杂工，不久又到一家外商开的饭店当侍应生，二十八岁创办祥生出租汽车行，最后他的车行成为一家能与美商云飞、英商泰来相抗衡，占得上海出租车业前列的华商车行。

63

说起来，刘鸿生已是刘家闯荡上海滩的第三代了。他的父亲刘贤喜做过一艘行驶于上海与温州间客轮的买办，祖父刘维忠才是最早闯荡上海滩的刘家人。现在定海聚奎弄六号的刘鸿生故居，建于刘鸿生出生那年，就是他祖父在上海赚了钱后回家乡建造的。

64

有些人一辈子只做一件事就足以青史留名，刘维忠就属于此类。他做的事是在上海宝善街办起了丹桂茶园。

茶馆本是交际之地，但喝茶聊天不免单调，若有伶人席前演唱，那就有趣得多了。刘维忠邀请一大批京城名角加入茶园戏班，包括“同光朝名伶十三绝”之一的杨月楼，从而轰动了整个上海滩。

自那以后，上海滩的茶园纷纷成了戏园，所有茶园都以邀请京剧名角为主。京剧在上海的影响力在某种程度上超过了京剧的“根城”北京——“长江数千里，上至武汉，内及苏杭，远去闽粤，甚至湖南之常德郡，亦有京班足迹，佥以上海为根本”（哀梨老人《同光梨园纪略》，连载于《戏迷传》，1938 年创刊，上海四合社出版）。上海成为京剧最大也最具挑战性的演出市场，京伶到上海唱红了，才算真红。

推动京剧发展这一历史性转折的人物，居然也是舟山人，没想到吧？

65

茶园本是静的，戏园却是闹的。刘维忠把茶园变戏园，照现在的话说，叫逆向思维。舟山人最擅长逆向思维。在大海上捕鱼，风静得一丝波浪都掀不起的时候，风暴就要降临了，这时候没有一点逆向思维，连命都保不住，久而久之逆向思维就潜伏在舟山人的血液里了。

道理就这么简单。

66

现在位于东方明珠广播电视塔内的上海城市历史发展陈列馆，有当年刘维忠创办的丹桂茶园的仿制场景，占了一间房间，场景简介说丹桂茶园是“老上海最早也是影响最大的京剧戏园”。

刘维忠第一次创办丹桂茶园是在同治六年(1867)，同治十二年底因经营亏损盘给了别人。但几年后他经商积攒了一笔钱，卷土重来，于光绪十年(1884)又开了一家新丹桂。

这家新丹桂，建筑极其考究，《同光梨园纪略》一书中写道：“上海戏馆以刘维忠所造最为坚固。大新街之丹桂，尤为认真，历二十余年，毫无走动，戏台之板，硬同坚石。”但到了光绪十三年(1887)，如此考究的新丹桂还是开不下去了，又一次转手给了他人。

67

接手新丹桂的是瑞生洋行买办何丹书。1919年出版的《老上海》，记录了一段故事："刘疾革时，延丹书至，坚嘱曰：丹桂两字，为吾一生心血所聚，将来房屋无论租予何人，丹桂两字，万不更易，则吾死亦瞑目矣。"

如此坚忍不拔、至死不渝，不愧是舟山人。那时候到大海上捕鱼，哪回不是九死一生？没这精神早就逃上岸来了。

68

刘维忠两次经营戏园均以失败告终，原因在于他在与别的戏园竞争中太过于追求尽善尽美，走的是出重金遍邀名角的路线，这其实就是烧钱。

他在经营新老丹桂的那些年，结交梨园名角无数，都是用重金请来的，又随着这些角儿名气在丹桂茶园越唱越响而不断地给他们添加包银，他的财富几乎在这些名角身上撒尽，为的就是让丹桂茶园赢得"上海滩第一戏园"的名声。

尽管如此，这些名角儿还不时要去攀新枝，被别的茶园挖走。这无关人情凉薄，正是因为他开创的各茶园相互竞争名角的局面，才赢来了京剧在申城的繁荣。这舞台本来就是角儿的天下，他的钱不花在角儿身上，又能花在什么地方呢？花在其他任何地方都不见得比花在舞台上更值钱。

所以，刘维忠临终前才会说："丹桂两字，万不更易，则吾死亦瞑目矣。"

在所有舟山古人中，我觉得刘维忠最有意思，他几乎代表了舟山人的所有精神。

69

有一个人，无论贫富，一直跟着刘维忠，那就是大奎官。

大奎官何许人也？"百年以来，唱花脸最出名，首推大奎官……当年花脸的戏，无论哪一出，都可叫座，且是无论哪一出，都能唱大轴子。"（《京剧之变迁》，齐如山著，辽宁教育出版社 2008 年版）

《老上海三十年见闻录》（陈无我著，大东书局 1928 年版）记载："最奇者，净脚大奎官，在上海始终只搭丹桂，且十余年包银如旧，不另加银。迨刘去世，不得已改搭咏霓，即奄然病死。其得病至死百天，与刘病如一辙云。"

追求尽善尽美的刘维忠，毕竟还有知音。

70

舟山人在上海滩留下的痕迹还有很多。现在上海巨鹿路 675 号和 681 号的上海市作家协会和海上艺术馆，原是舟山人刘吉生的旧居。675 号那幢楼，是其妻子陈定贞生日时，刘吉生送给她的一份礼物——"爱神花园"。

在上海滩，巨鹿路被称为"最有腔调的马路"，既文艺范十足又新潮到爆。而这条路上的"爱神花园"，则被誉为上海这一"魔都"的爱情圣地。这不仅因为那里有上海唯一的一个普绪赫爱神雕塑喷泉，更因为洋房曾经的男女主人从小就认识，相识相知几十年依旧如胶似漆、恩爱如初。

舟山人也是创造上海滩最浪漫的爱情故事的重要角色呢！

71

“爱神花园”的设计师是设计过上海国际饭店的匈牙利建筑师邬达克，营造商是上海国际饭店营造者、陶馥记营造厂老板陶桂林。

邬达克也被刘吉生夫妇之间的感情所打动，那座在意大利定制后运到上海的普绪赫爱神雕像，还是他掏钱赠送给刘家的。

这雕塑，在当时算得上“尺度惊人”：上半身裸露，刚脱下的纱袍还拿在手上；下半身正面裸腿，后面被长裙遮挡；匀称的躯体上，各个身体部位一览无遗。

雕像矗立在喷泉水盘中央的柱子上，水盘边四个小天使或骑或搂小鱼，喷泉喷出的泉水洒在准备入浴的普绪赫爱神身上——这情景使“爱神花园”想不浪漫也浪漫了。

20 世纪二三十年代的上海滩舟山人，要么不出手，一旦出手就这么惊天动地。

72

舟山人在上海滩闷声发大财的也有，最神奇的是仅靠一枚缝衣针发大财的。

那时上海十六铺码头有家叫“锦章号”的烟纸店，在商店多如牛毛的十里洋场显得毫不起眼。可大约在1866年，闻名上海滩的礼和洋行居然与“锦章号”签约了，委托它全权代理德国老牌针批发，凡销售老牌针的商店都得从“锦章号”进货。

个中缘故，据说是礼和洋行的老板偶然一次到“锦章号”买烟，将钱包遗忘在店中，“锦章号”想尽办法找到这位洋人老板，把钱包还给他。洋人老板见“锦章号”的人这么诚实，就把缝衣针交给它经销。

后来，“锦章号”把老牌针市场从上海逐渐扩展到江南各省，一下子成了上海滩的著名商号。

靠着一枚针，“锦章号”丁家成为舟山的名门望族之一。

73

18世纪70年代初，清政府先后派出四批共一百二十名幼童，赴美国留学。他们是中国最早的官派留学生。这批幼童中有两位是舟山人：一位叫丁崇吉，赴美时十四岁；一位叫王良登，留学时才十三岁。

不要以为他们都是官家富商的孩子。丁崇吉的父亲丁长绶，在定海以做豆腐为生，生有九个孩子，他们长年以稀饭果腹，佐以盐巴，入夜就睡在做豆腐用的缸盖上。

那时候去外国留学，照李鸿章的说法，是“中华创始之举，古今未有之事”，所以没有多少人愿意让孩子出洋留学，幼童若被选中，家人还需要签字画押，“倘有疾病生死，各安天命”。

但舟山人就是敢去。

74

在上海滩的舟山文人中，有个叫马瀛的，是字典、辞源编著专家，他编著的《国音学生字汇》于1919年首发，到1975年时已刊行了约三百版。

还有个金性尧，著名的古典文学研究专家和作家，也是舟山人。他的《唐诗三百首新注》累计印数近三百万册，成为当代影响很大的唐诗选注本之一。

75

上海滩名律师中，袁仰安是舟山人，他跟章士钊、江一平并称为当时上海滩三大名律师。

袁仰安故居在定海中大街龙首桥堍。他从小在定海长大，后去上海东吴大学求学，获法学学士学位，再之后便开始律师生涯。他也酷爱文艺，在上海参与创办良友复兴图书公司，出版驰名中外的《良友画报》《良友文库》《中国新文学大系》等，后又在香港创办长城电影公司、新新影业公司，成为电影界大佬。

有人说，任何一个舟山人，跳出去都是一条龙。

这话既不对也对。不是每个舟山人跳出去都会成龙，但敢于跳出去的多少有点当龙的潜质，不然也不敢跳出去。

76

全国政协原副主席安子介是舟山定海人。说到安子介,有一件事不得不提。

1996 年 1 月 26 日,全国人民代表大会香港特别行政区筹备委员会在北京成立,时年八十四岁的安子介被任命为香港特别行政区筹委会副主任委员,原籍舟山定海的全国人大常委会原委员长乔石向原籍舟山定海的安子介颁发了任命证书。1997 年 7 月 2 日,原籍舟山定海的香港特别行政区首任行政长官董建华将特区最高荣誉奖章——大紫荆勋章颁授给安子介。中国政坛三位重量级又同为原籍舟山定海的历史人物,共同参与收回在鸦片战争期间被清政府割让的香港。

这真是件值得回味的史坛佳事。

77

在中国近代,定海紫微庄诞生过一对父子——父亲黄式三、儿子黄以周,是两位学术名家。父子俩著作等身。现藏于国家图书馆、天一阁藏书楼等的刊印本和手稿尚有三十八种,五百余万字。这些著作在经学、史学和子学领域皆有创造性成果,其中,在经学中的礼学方面,集两千年来研究之大成,尤为清末民初的国学大师如章太炎、梁启超等所推崇。《清史稿》称赞这对父子“博综群经”,“博文约礼,实事求是,道高而不立门户”。他们的成就使舟山人走进了中国的学术史。

现在的紫微庄已隶属双桥街道,那里的浬溪村有个黄氏宗祠。每年冬至，黄氏族人都会举行拜祖活动。黄氏的一世祖黄俊，相传是战国四公子之一春申君黄歇的苗裔，在明朝正德年间(1506—1521)因避战乱而定居定海。村里还建起“两黄文化小公园”，园内造有正学亭，亭旁是黄氏父子的雕塑，是父子二人执书研讨、引据争论的形象，栩栩如生。

78

舟山有家书店叫“热门书店”，店名是台湾作家三毛取的。1989年春天，三毛回舟山祭祖，与舟山作家叶宗轼相识，听说叶宗轼夫人想开书店，便说：“我想在台湾开一家叫冷门的书店，那你的这家书店要不就叫热门吧。”

三毛的书店梦，止于说笑。定海的那家“热门书店”，倒是确确实实开起来了，还红火了好几年。

79

三毛在舟山留下许多故事。叶宗轼生前珍藏着三毛的一张名片，上面写着“逼稿‘舟山小品’九十九幅”字样。原来，三毛回舟山祭祖时，叶老跟她讲过一个小岛的风俗故事，三毛就要叶老写九十九个这样的故事，并说：“你寄给我，我给你出版。”后来三毛又从台湾写来一封信，里面夹着这张“逼稿”名片。没想到，叶老收到这张名片几个月后，三毛就自杀离世了，叶老扼腕叹息不止。

80

三毛跟舟山书法家王亚也有交集。三毛到舟山祭祖时，为答谢王亚先生给她书写的“月是故乡明”横批，即兴在宣纸上书写了“好了”两字，并第一次落款为“小沙女三毛”，作为回赠之物。后来三毛自缢于台北荣民总医院的消息传来，王亚这才明白当时她书赠“好了”两字的意思。再去看她从舟山返台后写的《悲欢交织录》，在这篇字数不多的文章中，“好了”两字竟出现十几次，而该文结束语竟是：“走了走了。好了好了。不再胡闹了。”此言竟然同《红楼梦》中贾宝玉所说的如出一辙。三毛对“好了”的理解，竟是：好就是了，了就是好。若不了，便不好；若要好，必须了。

81

在舟山，与三毛书信往来最多的是书法家倪竹青。说起来，倪竹青还是三毛父亲陈嗣庆的朋友，三毛叫倪竹青夫妇为叔叔婶婶。这种隔代情，自 1989 年三毛来舟山之后便绵绵不断，倪老收到的三毛来信累计约四万字。她在信里诉说自己的喜怒哀乐，甚至是难以跟别人道及的家庭琐事。比她年长的倪竹青，似乎成为她在生命最后几年里倾诉的对象。

82

三毛本名陈懋平。取笔名三毛，一说是“三毛”两字中暗藏一个易经的卦；又一说是她读了张乐平的漫画集《三毛流浪记》，她深深地同情并且爱上了三毛，便把三毛作为自己的笔名；还有一说是她有一次逛书店，发现一本自己心爱的书，但价钱很高，当时她身上只有三毛钱，没有买成，后来便取了笔名“三毛”，意思是不让自己忘记那个连本书也买不起的三毛。

从三毛身上，会发现舟山人的另一种性情：古灵精怪。

其实三毛没在舟山生活过，她的出生地在重庆，小时候去过南京，五岁那年便随父母去了台湾。她在舟山待过的日子就是1989年4月回祖籍地祭祖的那几天时间。

三毛的祖居在定海小沙镇陈家，系其祖父陈宗绪先生于民国时建造，五间正房现已成为“三毛作品陈列室”，分别以“充满传奇的一生”“风靡世界的三毛作品”“万水千山走遍”“亲情、爱情、友情、乡情”“想念你，三毛”为主题，陈列着三毛的遗物、作品、照片。

1989年，三毛踏上故乡的土地，看到了她思念了近半个世纪的亲人，圆了她的故乡梦。她回故里祭扫了祖坟，还带走了家乡的水、家乡的土，更带走了乡亲们的殷殷深情。在小沙，她欣然接受了乡亲们给她的“小沙女”的称呼。

只在舟山待了几天的三毛，居然会发生那么多与舟山有关的故事，这是为什么呢？是因为她的血液里有着她父亲传给她的舟山人古灵精怪的性情。

现在的三毛祖居前，还种上了一排排橄榄树，那是两届三毛散文奖得主和评委们种下的。

83

定海的三毛散文奖已举办了两届，每届都有近六百位作家参加，除了中国作家，还有美国、菲律宾、马来西亚、日本、新加坡、加拿大、俄罗斯、西班牙、澳大利亚、荷兰、奥地利、印度尼西亚的华语作家。

贾平凹写过《哭三毛》《再哭三毛》，第二届他也参加了。

“红红心中蓝蓝的天，是个生命的开始……”

84

普陀山在东海，为什么称"南海普陀山"？

有人说因为《史记·秦始皇本纪》有"会稽，祭大禹，望于南海"的记载，以为古代称普陀山这边的海域为南海；也有人说中国历代帝王大都在北京建都，习惯把南方的海域都称为南海。

这统统错了。原因很简单，观音在古天竺就被称为南海观音，所以在元初，普陀山和尚如智向朝廷提出，观音应沿用古天竺的名号，称南海观音，普陀山既然是观音道场，亦应改称南海普陀山。从此普陀山就叫南海普陀山了。

上普陀山游玩前，不了解点佛教知识，虽不能说不行，但也太遗憾了，许多东西你会看不懂。

85

普陀山法雨禅寺，正门处在寺的东边，要蜿蜒曲折地走过一座桥，穿进一条道，才能进入。佛顶山上的慧济禅寺，深藏林屏之中，也要经过悠长而迂回的甬道才到正门。其他佛教圣地如大乘庵、梅福庵、观音洞、梵音洞，正门统统是"旁门左道"。只有普济禅寺——供奉观世音的主刹，正门才在中轴线上——且慢，古时僧俗人等也只能从边门出入，只有皇帝来了，才开正门。

入"空门"也不容易呀，非要经过"曲径"，才能领略"柳暗花明"。原因很简单：我们都是凡夫俗子。

法雨禅寺

86

普慧庵外有一棵香樟树，九百多岁了，是普陀山现有一千二百二十一棵古树中年龄最大的。有一年，有一个三百多人的进香团，专程来叩拜这棵香樟树。

到普陀山，看见古树都可以拜一拜，古树见过的佛，比你多得多了。

87

一个僧人跟我说，普陀山上的寺院，水养的。

那么峨眉山、九华山、五台山的寺院呢？

山养的。

据说普陀山把至尊至大都藏到海水之中了，藏起来才玄，才神奇。

88

很少有人知道，南京明代故宫唯一存世的建筑物在普陀山，那就是法雨寺的大圆通殿，包括琉璃瓦、雕龙柱磉和九龙藻井都是当时从明故宫里拆移过来的。

康熙三十八年(1699)春，皇帝南巡至杭州，接见了法雨寺住持性统，下“拆金陵旧殿以赐”圣旨。

普陀山的“皇家血统”，在此到了极点。

89

普陀山有块杨枝观音碑，在杨枝禅院。

碑上观音像，面似冠玉，双耳垂肩，袒胸跣足，右手持着杨枝，左手托着净瓶，璎珞飘披，给人一种庄严又飘逸的感觉。此碑观音神态惟妙惟肖，堪称石刻精品。

这块碑最珍贵之处，在于它是根据阎立本所绘画像雕刻的。阎立本是唐代名画家，留与后世的仅有《步辇图》，且为宋朝摹本。鉴于阎立本尚无真迹留给后世，这块明时刻成的观音碑也就弥足珍贵了。

90

元代著名书法家赵孟頫，受朝廷指派，来普陀山为《昌国州宝陀寺记》“书丹”（抄写诏书）于碑。而他的夫人管道升，也就是那位写爱情绝唱《我侬词》（“你侬我侬，忒煞情多，情多处，热如火”）的才女，写过一篇《观世音菩萨传略》。

以她写的传略为基础，就有了最为中国民间所接受的观音故事——妙庄王三公主妙善，为治父亲病，甘心断臂，历尽磨难，修成正果。

历代文人于普陀山，贡献不少。

91

普陀山有一座多宝塔，建于元顺帝元统二年（1334），是当时普陀山僧人孚中，向南京藩王宣让王募捐建成的。此塔又名“太子塔”。

这座多宝塔，用太湖石砌成，方形，五层，高三十二米，有台无檐。每层塔的四面雕有佛龛。佛龛内，供奉着“全跏趺坐式佛像”，此坐姿即两足交叉置于左右股上，俗称“双盘”。

它是普陀山现存最古老的建筑，是浙江现已发现的石结构方塔中最为精美的一座。

92

普陀山主奉观音，不过观音在舟山得道第一山是观音山。观音山在距普陀山三十四海里的衢山岛上，早在公元 838 年，山上即有东亭寺，比普陀山开山早七十八年。传说观音大士先在此落脚安身，然后才去了普陀山。

1986 年农历六月十八日晚，三十六名上海游客在观音山南边见识了海市蜃楼，云天中出现黄墙寺院、观音金身及千尊金佛，持续约四十分钟。当年的《人民日报》也做了报道。不过普陀山有记载的海市蜃楼比这更早，是孙中山见到的，孙先生还洋洋洒洒写了篇文章。

93

京剧“谭派”创始人谭鑫培，生前帮助普陀寺向朝廷要过一部大藏经。当时普陀寺和尚为印大藏经来到京城化缘，缘没化到，反在北京病倒。谭鑫培借进宫给慈禧演戏之机，向老佛爷说起这事儿。老佛爷听了谭的戏，一时高兴，下令内务府拨银，为普陀寺刻印了一套完整的大藏经。普陀寺的住持为感激谭，特地刻碑记述此事。

大藏经由两代皇帝雍正和乾隆敕命编修。自雍正十一年(1733)编刻，至乾隆三年(1738)完成，全藏七百二十四函七千二百四十卷，共收经一千六百七十部。这部鸿篇巨制，若一册一册地摞起来有四十层大厦那么高，一张张打开连缀起来有十万米长，可谓书林之绝品、天下之奇观。

94

1962年秋郭沫若来普陀山，出了一上联“佛顶山顶佛”，叫人对下联。他的秘书对了“天一阁一天”，郭老摇摇头不以为然。一位公社干部以“云扶石扶云”相对，赢得郭老点头赞赏。

云扶石是普陀山奇石之一。在去佛顶山的香云路上，连白云都来扶此石，听上去它很高耸险峻。其实它所在位置海拔并不太高，只因它是由两石相摞，上石如欹钟，下石如方棋，斜倾欲坠，才让人觉得云彩都得来扶它了。

95

经常看见有妇女把硬币在磐陀石上磨平。为什么磨平呢？据说磨平后的硬币佩戴在小儿身上能够壮胆。

说得人一头雾水。细想一下，还是有道理的。磐陀石由上下两块石头相摞而成，下面一块巨石，底阔上尖；上面一块稍小点的石头，上平底尖；下石中间凸处，将上石托住。奇就奇在两石相摞处，缝如细线，睨之通明，似连接又似未连接，好像一石空悬于另一石之上。许多人担心一阵大风会将上面那块巨石吹落下来。舟山历经台风，但磐陀石依然纹丝不动。

磨硬币的妇女简直是哲学家——能够将风险与安稳系于一体的东西，当然可以当作勇气的象征。

96

磐陀石上，三个笔力遒劲的“磐陀石”大字，是明朝抗倭将军侯继高题写的。最令人惊奇的是“石”字上多了一点，据说侯将军题字时，大石左右摆动，摇摇欲坠，于是他在“石”字上加了一点，磐陀石便稳稳当当地固定住了。

磐陀石有这样的传说，磨硬币的妇女听了，肯定会磨得更起劲的。

磐陀石

97

隐秀庵坐落在雨花岙中，是普陀山一座不起眼的小庵。三十多年前，画家朱仁民在隐秀庵中养伤。他是作画时从三米多高的架子上摔下来致瘫的，医生说他从此不可能再站起来，谁知五年后，他以竹竿做拐杖走出了隐秀庵。

走出隐秀庵的朱仁民，去了杭州，创办了杭州潘天寿环境艺术设计研究院，完成了一批大型景观设计工程。事业有成后，他买下了家乡的菜花山小岛，命名为莲花岛，把一百余尊从杭州运来的石罗汉立在了面对普陀山的莲花岛长堤上，如同海上兵马俑。

98

元朝时普陀山有个住持叫一山，受朝廷派遣出使日本，日本天皇把他请到京都南禅寺传经说法。一山留在日本十九年，创立了"一山派"禅学。一山病故后，日本天皇亲题其像，赞曰"宋地万人杰，本朝一国师"，并在南禅寺为他建塔建祠。

高僧能当国师，你说普陀山人的能耐有多大？

99

高僧一般不入世。

弘一法师当年在杭州皈依佛门，爱妻携幼子赶到虎跑寺外，竟未能求得一见。后来去青岛时，市长请弘一法师赴宴，弘一法师以诗谢绝："昨日曾将今日期，出门倚仗又思惟。为僧只合居山谷，国士筵中甚不宜。"

还有印光也是如此。弘一见印光时，印光的床在佛座下面，一张旧桌子，一只旧凳子，比正常的世间生活落后若干世纪。浙、闽、苏、皖、赣五省联军总司令孙传芳发函给印光，要求皈依为弟子，竟被婉拒。

印光被誉为普陀山净土宗第十三代祖师，弘一被誉为普陀山南山律宗第十一代祖师。

100

弘一法师就是李叔同。他曾才名满天下，书法、诗词、丹青、音律、金石样样精通，丰子恺是他的弟子，连鲁迅、郭沫若都以得到他的一幅字为荣，甚至出家后还有美妙女子想以一腔柔情化解他遁入空门之念想。这样一个活得极其滋润的人物，忽然间挥挥手告别大家就遁入空门了。做和尚又做到了极致，在杭州虎跑寺出家，又去普陀山，以生活最清苦、戒规最严密的南山律宗来修持，圆寂前留下“悲欣交集”四个字。悲为何？欣为何？本已尘根断尽，无嗔无我无欲无求，怎会在圆寂前悲欣交集？没人能解。

101

弘一赴普陀山见印光大师时，自晨至夕观察大师一切行为，最令他惊奇的是印光每次食毕，均以舌舐碗，至极净为止，再把开水注入碗中喝下，唯恐轻弃残余饭粒。弘一也很有慧根，马上知道这是惜福，人的福气是很微薄的，若不爱惜，将很薄的福享尽了，就要承受莫大痛苦。

毕竟是两代宗师，连见面都能惺惺相惜。

印光大师(左)与弘一法师(右)

102

洛迦山在普陀山对面,既是一座山,也是一尊佛。

不论站在普陀山的佛顶山上,还是南海观音耸立处,或者坐船在海面上,只要你看它,无须刻意想象,洛迦山都是一尊栩栩如生的海上卧佛,头、颈、胸、腹、足,清晰分明。

离普陀山不远的朱家尖，正在建造观音圣坛，高九十一点九米，宽二百十九米，面积六点一九万平方米，分别取观音出家、出生、得道日子的数字。它在最初设想中是建成一座现代丛林寺院，后改为一座佛教坛城，最后确定为“圣坛即观音”，一座建筑一尊佛，是世界上唯一将佛像原型作为建筑形态意象的佛教建筑。

103

观音也有访问任务。

这几年最大规模的一次访问，是“南海观音慈航宝岛”，一百零八位法师将一千尊观音宝像护送到台湾，赠送给台湾地区的一千座佛教寺院。

参访团来回行程搭乘的是意大利籍“歌诗达·经典号”豪华邮轮。参访团里除了法师，还有香客，成员一千六百多名。香客都是自愿报名的，相当踊跃，公告发布后不到一周就满额了。有一户人家十二人都报了名，为了让八十三岁的老母亲也一同去，还特意买了辆轮椅。

104

普陀山年年都要举行传灯盛会。盛会那天，数千名僧尼、居士、香(游)客依次进入普济寺大殿，小心接过一盏盏琉璃莲花灯，默默许愿，缓缓前行，从主殿两侧转至殿后，直到普济寺外，再绕着海印池，分别经过永寿桥和瑶池桥，从御碑亭折回，经八角水亭，重回寺内。一盏盏莲花灯，形成了一道转动的、明亮的、壮观的心灯法轮。

佛灯点亮心灯，吉祥就在心里。

105

普陀山几大寺的素斋都向游客开放，价格低廉，但都是罗汉菜。素斋馆里就不一样了，有一道菜叫“人生百味在其中”，由酱萝卜干、红枣、苦瓜、辣白菜制成，寓意人生的酸、甜、苦、辣；有一道叫“步步生莲”，用菇类、豆制品拼制成色泽鲜艳的荷花。这些比起“素鸡、素鸭、素鱼，嘴素心不素”来，都是充满禅意的“全素斋”。

但嘴素心不素，普陀山也不排斥。有一道菜叫酸菜鱼，鱼肉以平菇制成，入口香浓嫩滑，加上酸菜，配以辣椒与西红柿，外形也能将人骗倒；有一道菜叫西柠煎仔鸡，吃到嘴里简直分不清到底是不是素食，色泽、口感与鸡胸脯肉一模一样，吃起来一丝一丝的，甚至连“鸡皮”都有。不过别担心，那是豆腐，不是鸡。

106

普陀山的千人斋宴，每年都要赴外地举办，在泉州、厦门、福州、三明、大连、深圳、台湾及香港等地都举办过，举办时檀香袅袅、古琴铮铮、梵呗悦耳、茶香四溢，法师向信众赠送开光观音宝像及吉祥卡，气氛好极了。

107

普陀山还有观音饼，用海苔、黑芝麻、花生、鲜花等做馅，皮脆馅软、糯滑可口。

观音饼包装盒上印有一则“观音饼来历”：传说观音大士来娑婆世界普度众生，适逢东土大旱，草木皆枯，人兽相食，黎民多成饿殍。大士不忍，手擎净瓶，枝洒甘露，遂使草木长叶，禾苗复苏。奈何一时木难结实，禾未长黍，饥民争而食之，又遭荒歉；如是者三。大士大发悲心，化一村妇，挖山上白土做饼，分斋乡民，香脆胜似面饼。村民仿效，一时山矮坡陷。稻麦既熟，灾荒乃度，土复为土，不可食也。信众知大士赐恩，遂名土曰“观音土”，以示纪念；而将饼之形状艺巧传承下来，并尊曰“观音饼”……

这篇短文是舟山老作家叶宗轼写的，那时他正借普济寺清幽宝地闭门写书。六年后他的书写成八部，观音饼销售总量也超过五百万盒。

观音大士手擎净瓶，枝洒甘露，使草木生发

108

舟山酱油很有名，江南传统特色作料历来就以“绍兴老酒、舟山酱油、镇江米醋”为代表。

舟山酱油叫“洛泗座油”，“洛”是南海普陀洛迦山的代称，表示洛泗座油产于佛教圣地；“泗”字是“水”旁加“四”字，表示四种名泉所酿；“座油”是指酱油酿造过程中储起来的原液精华。

洛泗座油享誉一百七十年，跨越三个世纪。

在舟山，凡是与普陀山沾边的，基本都能享誉天下。

109

恩斯特·柏石曼，德国建筑师、旅行家、摄影师，1909年秋天来到普陀山。回到德国之后，他出版了德文著作《中国的建筑和宗教文化之一：普陀山》。在书的结尾，他把普陀山寺院建筑与埃及金字塔相提并论。

去普陀山寺院，见不到大把烧香的香客，也很少见到点燃红烛的，大多数人只点三炷香。

不仅香只点三炷，每炷香也只有牙签般粗、筷子般长，超规格的香烛是不能带进寺院的。

和尚说，在普陀山，心诚则灵，三炷香，刚刚好。

110

桃花岛上的白雀寺，传说是观音出家地。那里有一座含羞观音石像，观音上身裸露，双手遮胸，面带羞色，似乎正在躲闪。关于这一石像的传说非常有意思，说是修道中的观音去山上砍柴，见四处无人就在山涧清泉旁擦身，不料被一后生窥视，羞怒中逃进山洞。

这则传说连同石像，都一改“神”的庄严之貌，含情脉脉，可昵可亲，将神与人的距离一下子缩短了，她哪里还是观音菩萨，分明是一个调皮、可爱的农家少女了。

111

地质学家韩同林，写过一本《发现冰臼》，书中说舟山有个冰臼群。普陀山岛“观音跳”、南天门“龙眼”、朱家尖岛白山的“观音跳”都是“冰臼”。

“冰臼”是什么？一查资料，吓了一跳。“冰臼”是第四纪古冰川时期的遗迹。

冰臼的三大特征是“口小、肚大、底平”，有点像南方舂米的石臼。看看“观音跳”和“龙眼”，真的有点像。

冰　臼

112

舟山群岛所在的东海曾经是一片平原。那时候，海水退到如今的一百五十米至一百六十米等深线附近。“海峡人”在东海平原上追逐梅花鹿，进行狩猎、采集野果等活动。

“海峡人”是中科院院士贾兰坡命名的，依据是福建省泉州市石狮市发现的古人类化石。这一重大发现为台湾早期人类来自祖国大陆提供了有力证据。

113

舟山渔民在金塘岛、东极岛、虾峙岛和桃花岛附近海域捕鱼时，陆续打捞起一批古动物骨骼化石。

考古专家鉴定后，认为这批动物是江淮流域古菱齿象、德氏水牛、麋鹿等，年代在距今三万年到一万年间的更新世晚期。受第四纪冰川运动寒冷气候影响，它们由北往南迁移，途经舟山。专家们还在麋鹿化石上发现了人工砍痕，认为这是古人猎杀动物后为了剥皮，用石器砍过的痕迹。

由此可证明，在更新世晚期，舟山已有了古人类。

114

舟山群岛形成于何时？距今七千年左右。大约在一万年前，气候转暖，海平面开始上升，东海大平原最后成为中华大地上“沉没的大陆”。一直到距今七千年左右，形成了目前的舟山群岛海平面。生活在东海大平原上的古人，有的向内陆迁移，有的则留在了舟山、澎湖、台湾等岛屿上。

如果把这拍成一部科幻大片，票房肯定大卖。

115

定海马岙有个原始村落遗址，那里保存着五六千年前新石器时代古人在海边堆积的九十九座土墩，被誉为“海岛河姆渡”。

1979 年，考古学家在土墩上发现了面积达十四万平方米的古文化遗址群，有新石器时代遗址十二处、商周文化遗址八处，出土了一批石器和陶器。还有一个较为完整的新石器时代原始制陶区，面积约一千平方米。

这一发现让舟山人很兴奋，以前一直说海岛人是从大陆迁徙来的，原来我们的祖先没比大陆人出现晚。

116

“海岛河姆渡”惊动了日本人，起因是在马岙出土的夹砂红陶碎片上发现了稻谷痕迹，日本考古专家兴冲冲地跑来了。

中日两国专家最后的结论是，舟山群岛在约五千年前就开始大量栽种水稻，是中国水稻东传日本的海上通道。

得出这些结论的论文刊登在一些权威的学术杂志上。

现在新建的马岙博物馆正吸引着中外游客和专业人士前来。

马岙博物馆中展示的制陶和耕地场景

117

舟山有文字记载的历史，是从两个国王开始的，一个叫徐偃王，一个叫夫差，都是中国历史上的有名人物。

东夷盟主徐偃王被周穆王和楚文王联合起来打败后，逃到了舟山，与他一起来的，还有数万百姓。徐偃王最终“薨”于舟山。

《穆天子传》记及徐偃王事迹。宋元两朝舟山方志都说他在舟山住过的地方“旧址犹存”。现在舟山新城的城隍头山，就是徐偃王筑城的地方。

春秋吴越争霸，最终越国灭了吴国。越王勾践想把亡国的吴王夫差安置到“甬东”，这个“甬东”就是舟山岛。

夫差是让舟山载入史册的第二个人物，不过这个人物并没到过舟山。他听说勾践对他的处置后，长叹一声“孤老矣，焉能事君？”就自缢了。

徐偃王之所以逃往舟山，乃因舟山孤悬海外，可以作为逃遁藏身之地。勾践并不担心夫差到了舟山像他那样卧薪尝胆，也是因为舟山对中央政权而言，已经遥远得可有可无了。

118

接下来，让舟山被历史记住的人物，便是仙人安期生了。

安期生是采药炼丹之人，《列仙传》说他是“千岁翁”，从秦朝一直活到汉朝。这是不可能的，但这个人确实存在过，连《史记》都说秦始皇东游时，在东海边与安期生谈了三天三夜。舟山许多地方都被认为是安期生隐居过的，比如桃花岛。此岛并非因为种有桃花才叫桃花岛，而是因为安期生“醉墨洒于山石，遂呈桃花纹，奇形异状，宛若天然，人多取之，以为珍玩，故山号桃花”。这事有根有据，记载在南宋张津《乾道四明图经》里，让你不信也得信。

119

徐福到过舟山似乎也是铁板钉钉的。

相比安期生“小隐于野”，徐福是属于“大隐于朝”的人物，连英明又奸狡的秦始皇都被他忽悠了，让他率三千童男女出海，找神岛，求仙药。

现在的学者都说徐福最终去了日本，连航行路线图都给画了出来：慈溪达蓬山麓→东霍山→岱山岛→泗洲塘→徐公岛→泗礁山→花鸟山→墨潮公海→日本九州岛。这些地方中的一大半在舟山群岛。

至于“蓬莱、方丈、瀛洲”三座神岛在哪，有两座可以落在舟山头上。从唐代起共有六个朝代里岱山岛均被称为“蓬莱仙岛”。瀛洲呢？汉朝有一个神人东方朔跳出来替岱山帮腔了，他在《海内十洲记》里说：“（瀛洲）在东海中，地方四千里，大抵是对会稽，去西岸七十万里。”会稽就是现在的绍兴，对着绍兴的海域，当然非东海莫属。

看了这些故事，会不会觉得舟山有点神神道道的？

120

国王来过，神仙来过，“强盗”也来过。

唐朝宝应年间（762—763）袁晁起义，虽地点在台州，但有一支义军占领宁波后，迅速渡海取翁山，在此建立水军，震骇朝野，于是朝廷于第二年把翁山县给废置了。

翁山县就是唐朝时的舟山，是开元年间（713—741）建立的舟山的第一个县级行政区，才过二十多年就被朝廷一脚踢回了不治之地行列。

121

当时舟山已是全国九大海盐产区之一，浙东海上贸易也必经舟山海道。一个叫齐澣的官员听从属下王叔通的建议，报奏朝廷在舟山设置翁山县。他还招募了一批因运河改道而失业的流民，把他们安置到当时人口不多的舟山。

齐澣是大诗人李白的朋友，李白的《题瓜州新河饯族叔舍人贲》的第一到四句是："齐公凿新河，万古流不绝。丰功利生人，天地同朽灭。"赞美他在润州(镇江)刺史任上主持修建了伊娄河。齐澣还是为李白脱过靴的高力士的"死党"，而唐玄宗开元初年的宰相姚崇、宋璟，每遇疑难问题都要向齐澣请教，《资治通鉴》记载了他们的感叹："欲知今，问齐君，可以无阙政矣。"

而那个王叔通也同样了得，他居然放弃大陆上的大县县令不当，乘一叶孤舟到穷乡僻壤的舟山来当县令。

虽有这两位能人相助，但一旦有人揭竿而起，翁山县还是被朝廷废了。

122

到了五代十国时期，不治之地舟山却出现了一个"六国港口"。

钱镠以杭州为都城建立了吴越国，其疆域约同于现在的浙江省。私盐贩子出身的钱镠喜欢丝瓷贸易，复设翁山县，在偏僻的岑港建立海上贸易基地，南北船舶辐辏于此。岑港史称"六国港口"，这六国分别是后梁、后唐、后晋、后汉、后周、宋。

后来，吴越国纳土归宋，翁山县又没了。

123

又过了一百年，另一个大人物看中了舟山。他就是如今人人皆知的王安石。

王安石到过舟山，留下一首《题回峰寺诗》。北宋熙宁六年(1073)，经他奏请，宋神宗赵顼准许恢复翁山县制，并赐县名为"昌国"。

这时王安石的官职是同中书门下平章事，相当于宰相。

赵顼赐名"昌国"，含义出自王安石等人奏本，说舟山"东控日本，北接登莱，南亘瓯闽，西通吴会，实海中之巨障，足可以昌壮国势焉"。

光凭这句话，王安石就称得上是第一个看透舟山的人物，视野之大，不逊今人。

124

除了王安石，柳永也来过舟山。

柳永因一句"忍把浮名，换了浅斟低唱"惹恼仁宗皇帝，被他下旨"且去填词"。五十四岁的人了，跑到舟山当盐官，统辖舟山所有盐场。

那是景祐四年(1037)，舟山还没设县，行政上是鄞县下面的三个乡:富都、安期、蓬莱。舟山的地方事务、生产、诉讼、灾害等等,不方便事事渡海去县衙报告办理,所以任盐官的柳永,是当时舟山最大的官,代为处理三个乡的事务。

柳永在舟山的官声不错,《舟山志》记载他“尝摄昌国县事,理盐课,区划有方,纤悉不为民病。登阜赢余,寻以最闻云。潇洒脱尘,弗为物累”,句句都是赞扬的话。尤其是“登阜赢余”讲的是他治下粮食丰收,财货盛多,收支有盈余。这些农商财税方面的事务,原本是县令的职责,他一个盐官不仅做了,而且做到了考绩最优,真让人怀疑他是不是那个风流倜傥的大词人柳永。

一千多年过去了,柳永在舟山仍然很火,柳永广场和柳永纪念馆都建起来了。

125

柳永在舟山的晓峰盐场廨舍,题有长短句《留客住》,刻于石。从词句看,是登临盐场旁边的晓峰山所写:

偶登眺。凭小阑、艳阳时节,乍晴天气,是处闲花芳草。遥山万叠云散,涨海千里,潮平波浩渺。烟村院落,是谁家绿树,数声啼鸟。

旅情悄。远信沉沉,离魂杳杳。对景伤怀,度日无言谁表。惆怅旧欢何处,后约难凭,看看春又老。盈盈泪眼,望仙乡,隐隐断霞残照。

这是关于舟山最早的景色描写。

除了《留客住》,柳永在舟山还写有《煮海歌》。钱锺书曾在《宋诗选注》里评价柳永的《煮海歌》和王冕的《伤亭户》是宋元两代里写盐民生活最痛切的两首诗。

126

屡屡被大人物看中的舟山,到了南宋,终于自己也出了两位大人物:余天锡和应䌛。两人都官至参知政事,也就是副宰相。

南宋宁宗时期,权相史弥远当政,余天锡是史家塾师。太子赵竑与史弥远政见不同,史弥远就叫余天锡留意新的继承人。余天锡在从杭州回宁波参加乡试途中,偶遇当时还是一介平民的宋太祖十世孙赵与莒,把他推荐给了史弥远,这就是后来做了四十一年皇帝的宋理宗。

赵与莒当皇帝后,遣余天锡以为赵竑治病之名前往湖州,宣谕旨赐死赵竑,余天锡由此成为理宗信臣。但他当参知政事却是在宋理宗执政十多年后,此时史弥远已死,宋理宗开始罢黜史党,但余天锡反而被擢升。

余天锡只当了三年副宰相就死了,死在任上。过了七年,应䌛当了副宰相。应䌛与余天锡年龄相仿,又是一起中的进士,但他的名次胜过余天锡,是“省试第一”。应䌛只当了一年副宰相就“三乞归田里”,辞官不做了。辞官后在家乡过了几年闲云野鹤的日子。

余天锡能爬到参知政事这个位置,与他参与扶立宋理宗有关。应繇某种程度上也间接得益于此事。他是拥立宋理宗的另一个关键人物郑清之最器重的门客兼文友。

舟山这么偏僻的地方,居然也出过掌控朝廷命运的大人物。

127

元朝,昌国由县升格为州,舟山历史上第一次出现了地市级的行政建制。

升格是为了对日用兵。元两次大规模对日用兵,都以失败而告终,第三次在东南沿海筹建海军,打算从当时称为庆元的宁波出发,经舟山群岛跨海东征。从东征准备到结束的五年里,舟山人口猛增到十二万人。这一数字是中国近代之前舟山人口最高峰,此前此后数百年都没超过。

但这次征日,与前两次一样还是失败了,舟山白白赚了一个地市级。

128

明朝,舟山实行海禁,“片板不许入海”。

明洪武二年(1369),朱元璋命征南将军汤和处理东南防务。汤和部下的两个指挥官在秀山岛干预当地居民的民事纠纷,被人打死。汤和迁怒于舟山百姓,上奏朝廷说,昌国居民外结倭寇,内多盗贼,是不可教化的顽民。朱元璋听信汤和奏报,下诏废昌国县,岛民悉数驱迁内地。

这次海禁，迁徙四十六岛一万三千余户共三万四千余人，皆迁到了浙东、浙西各州县及安徽凤阳，舟山人口骤减至五百四十七户共八千八百余人，舟山群岛又沦为人烟稀少、满目荒凉之地。

129

原本要悉数迁徙，这留下来的，靠的是一个叫王国祚的乡人。他只身进京，面见明太祖朱元璋，据理力争，结果使朱元璋准许未迁者不再内迁。

这似乎有点匪夷所思，皇帝的圣旨岂是凭一个乡民之言就能改变的？况且一介布衣草民，又如何能走进金殿面对皇上？

但史书言之凿凿，太祖批示说："看得尔处有好田地，许尔等搭屋居住，看守犁耙，有盗贼来，自备刀枪，杀了来说。"(《定海县志》)

还有一个插曲更加印证此事确实发生过。王国祚从京城回来后，急切告知乡亲们皇上同意免迁了，但此时朝廷文书尚未到达，定海巡检就说他造谣惑众，将他捆绑起来押送金陵，明太祖见后"慰勉赐饭送归"。

那么，王国祚究竟说了什么话，让朱元璋改变主意呢？史书记载他的话是："守昌国，内地军饷可减，乡亲与其流离冻馁他乡，不如且耕且守，团练自保。"(《定海县志》)

这倒与明初朱元璋倡导的军屯政策相吻合，可见王国祚这位乡民够有眼光的。

至今他居住过的房屋仍保存着，屋里挂着他的画像，国字脸，小眼睛，身着明朝官服，虽然现实中他连一天官也没当过。

他家乡王家村有一百一十余户人家，姓王的有二百七十余人，均为王国祚后裔。

130

与朱元璋有过瓜葛的还有位舟山人，叫张信。不过他可没王国祚那么幸运，而是被朱元璋杀掉了。

明初未迁徙的八千余乡民确实争气，只过七年，就有张信中了状元，而且是历代舟山籍四十四名进士中，唯一的状元郎。

状元及第，授官翰林院编撰，三年后升侍读。

但这人很不幸，刚升为侍读，就卷入“南北榜案”，惨遭弃市，也就是在闹市区斩首后曝尸三日。

“南北榜案”发生在洪武三十年(1397)，该年会试由学士刘三吾任主考，录取的都是南方考生，中原和西北的考生怨声四起，朱元璋大怒，命张信等六七位翰林复阅试卷。同僚中有个叫戴彝的，与张信是同榜进士，竭力主张迎合上意，调换几个。但张信认为原取无错，将名单原封不动地报了上去，还说“刘三吾无私”，结果把朱元璋彻底惹怒了，张信等二十多名试官被弃市，所选五十一名南方贡士被全部罢黜，新科状元被处以车裂，唯独戴彝不但没死，还升了官。

张信死时才二十四岁。亲友把他的遗体从南京运回来，葬在城北三里淡水坑之源。

张信是舟山人最早的风骨，可惜现在很少有人提起他。

“砍头不要紧”的“硬骨头”张信

131

别的地方是先出状元后造桥，唯独定海是先有状元桥后出状元。宋代，定海城里建过一座桥，取名叫“状元桥”，并在桥栏上刻了字：“人从石上行，状元此时生。”想不到两百年后，舟山果然出了状元张信。于是，桥栏上换了一行字：“天开文运，石著谶符，张公应魁，启我后儒。”

虽然张信死得很惨，但状元桥在舟山人眼中却仍是吉祥之物（这有悖民间常理），新娘子花轿都得从状元桥上过，据说这样做，生下孩子才会聪明。

直到清朝，康熙《定海县志》仍记载说，每逢四月朔日，定海居民都要来祭祀状元桥神，还要在桥东南搭起台来演戏酬神。张信就是在农历四月里被绑赴刑场执法的。

近年舟山在一个小公园里造了一座状元桥，不过那是仿造的，真正的状元桥早被拆掉了。

132

清初再次海禁，舟山人民再次迁徙。

这次迁徙，舟山实行的政策是"午前徙者为民，午后徙者为军。犯禁者一律处斩，犯人家产全部赏给告发者，犯人所在地文武官员一律革职，地方保甲不先告发的一律处死"。

迁徙后没过几年，舟山各岛一片断垣遗址。髑髅枯骨，隐现其间。田地荒了，盐场废了，桥梁断了，山间豺虎出没。这是王沄在《漫游纪略》中写的场景。

这次迁徙比明朝的那一次更彻底，舟山群岛所有人都迁走了。

133

没有一个地方像舟山那样被朝廷一次次折腾得体无完肤。

自设治至中华人民共和国成立，一千二百多年中，舟山曾有过两次废治（唐代废翁山县，明代废昌国县）、三次迁徙（明代洪武年间与清代顺治、康熙年间），加起来时间长达六百多年。

也就是说，有一半时间，舟山就像没娘的孩子，没人管。

134

明朝舟山海禁几乎持续整个朝代，清初的海禁只维持了三十二年。三十二年后，康熙应大臣要求，开复舟山。

有不少原先迁徙者回迁，回来后约八成人以垦荒为生，其余以捕鱼、煮盐、做手艺为业，或为小商贩。有些原先是定海城里富裕人家，“居于城中花园底”，回迁时大宅院已倒塌，田地沟渠需重新开垦修复，生活一下子变得艰难困苦。尽管如此，他们还是回到了祖辈居住之地，不愿客居他乡。

舟山人的热爱家乡，以此最为典型。

135

对于那个奏请舟山重新设县的总兵黄大来，回迁的百姓十分感激。回迁四年后，黄大来死了，地方志记载他死前一天夜里，有大星陨海，声若雷轰。这或许子虚乌有，这种奇异天象在古代也不是一个舟山镇总兵所能承受的，但上报朝廷后，不仅没人质疑，朝廷还追认黄大来为太保。百姓便在城南门大街建起太保庙奉祀，清朝一代香火未断。

136

回迁者散居各处，难以安居，展复大业的首要之事是筑城。

筑定海城的奏折是浙江提督陈世凯抱病疾行千里，上京呈报朝廷的。叩阙觐见时，康熙见他气喘甚急，就跟近侍诸臣说，这个人病势甚危。但大家都说无妨。想不到陈世凯第二天就病故了，康熙叹道，果殁矣，甚可伤悼！多少有点埋怨近侍诸臣的意思。

后来当内阁官员请旨，说陈世凯建议采取募捐集资的办法建造定海城，康熙说，拨皇银建造。

康熙平定三藩之乱和收复台湾后，国库财力极其紧张，动支皇银建城，在定海之前只有台湾建城一次，连修河南开封府城、直隶通州城都是靠捐纳。康熙感到“定海地方关系紧要，捐纳非善事”是一个原因，但更主要的原因是被陈世凯感动了。叩阙觐见次日就撒手而去令康熙难以忘怀，像是陈世凯在以死相谏。

陈世凯为筑定海城，抱病疾行千里上京

137

清朝舟山有位连续任职二十二年的知县，在地方官三年一次调任成为吏制的清朝，非常罕见。

这位知县叫缪燧，人们叫他“修塘老爷”。当时舟山一旦遇到大风潮，海水便会漫溢陆地数十里，毁船毁田毁屋，溺死者无数。缪燧修筑了二十三条海塘，今天舟山本岛北半部港湾的海积平原，也就是现在新城的土地，大部分是那时候围涂造田形成的。

缪燧的另一功绩是兴学。他初来定海时曾感叹：“子弟十三四以上皆樵牧，不知诵读为何事。”（《定海厅志》）为振兴文教，他捐俸修学宫，设立义学，并延请鄞、慈等邑名士来定海教导。自此，学风渐兴，他在任时每年的岁科二试，每试定海都有六七人考中。

138

关于缪燧的传说很多，有说他穿土布衣、草鞋，在海塘上与民众同吃同住同劳动，后来脚扭伤了，人们才知道他是县老爷。

这个传说可能是真实的。不过，他以知县之尊干体力活，我想是有苦衷的。他在任内不仅修筑了二十三条海塘，还挖了几十条河，掘了几百眼水井，造了万余亩良田。如此浩大的工程，在没有任何大型机械工具的清朝，一定会使劳役很繁重，史书说他“役虽繁而民不受扰”不是实话，缪燧的聪明是以自己的身体力行堵住了悠悠之口。

舟山人回迁后的几十年很幸运，遇着了黄大来、陈世凯，又遇着了缪燧。

139

这么多东海鱼类中，最有名的是大黄鱼，人们最早捕捞的也是大黄鱼。春秋战国时，吴国国王阖闾在嵊泗海域用兵缺粮，军士们捕大黄鱼充饥。这是有关大黄鱼捕捞的最早记录。

大黄鱼的渔场经历了几次变迁，春秋至宋大约旺发于嵊泗洋山海域，后迁至马迹山一带，最后又迁至岱山岱衢洋。

大黄鱼也像舟山人一样，常常要大规模迁徙。但大黄鱼要不幸得多。

140

大黄鱼的兴衰在舟山造就了一个古镇的兴衰，那就是东沙镇。

东沙镇北濒盛产大黄鱼的岱衢洋，古有“前门一港金，后门一港银”之说，“一港金”的“金”是指大黄鱼，“一港银”的“银”则是指带鱼。根据记载，民国六年(1917)停泊在东沙渔港的苏浙和福建一带捕大黄鱼的渔船有一万多艘，渔民达九万之多。这是东沙镇极盛时的情景。

改变东沙镇命运的，是20世纪七八十年代岱衢洋里野生大黄鱼的灭顶之灾，海面万舸争流的壮观场景和市镇上花团锦簇的繁华从此不复存在。

141

舟山还有一个渔业小岛——嵊山，命运与东沙镇差不多。20世纪 60 年代，六省二市十万渔民、万艘渔船汇集嵊山，年年都举行誓师大会，年年都要评选高产老大。那时候鱼也多，捕大黄鱼时一网围起来，大黄鱼多到竹篙插进鱼堆里不会倒下，人跳到海里站在鱼上如履平地；捕带鱼时每个网眼上都是带鱼，一眼望去，都要被满网的带鱼晃了神，白鳞如同白月光。

如今，这样的盛况只能在老照片里见识了。

142

在舟山渔业统计报表上，2016 年大黄鱼捕获量为十五吨，而在这之前的连续三年，捕获量皆为空白。

十五吨，相比 1974 年舟山大黄鱼捕获量十三万吨，仅占约万分之一。

143

你知道吗，鱼是会发声的。不同的鱼叫起来声音还不一样：鮸鱼个头大，叫声爆发力足；大黄鱼的“咕咕”声听起来像一层一层传递过来的。有经验的渔老大能通过鱼的叫声分辨出海里是什么鱼。

现在渔村已基本上没人会这项技能。因为鱼要发出叫声，那鱼可要多得不得了。如今六七十岁的渔民才听到过鱼叫声，五十多岁的人都不一定听到过。

144

现在已成东海渔场主打产品的梭子蟹，以前是渔民不爱捕的，卖得极其便宜，只是在捕带鱼的时候总会带上一些来，没办法，蟹钳咬住了网，掰又掰不开，只能一只只敲掉。

那时渔民吃梭子蟹，只吃鲜美的红膏，吃不完的就收集起来，晒成蟹膏，客人来了，切下一块放在菜里，做出来的菜比放了味精还鲜。至于如今视若珍宝的蟹子，那时候渔民根本不吃，统统拿去当肥料。

145

以前渔民捕鱼，有“一只脚骨在棺材里，一只脚骨在棺材外”的说法。

现在渔村不少老人说起1959年吕泗洋海难，仍然一脸悲戚。那场海难中，舟山渔民的死亡人数是一千一百七十八人，沉没渔船是二百三十艘，少年丧父、中年丧偶、老年丧子，舟山各岛各岙哭声一片，是当代舟山渔场最大殇。

吕泗洋位于江苏如东以东海域，那里的洋底沙碛是小黄鱼理想的产卵繁衍之地。1959年春汛小黄鱼旺发，一对大对船一天能捕到四五十吨小黄鱼，舟山有两千多艘渔船到那里捕鱼。一场九级狂风伴随着二十四小时内降水量约一百毫米的大暴雨突然横扫吕泗渔场，悲剧就这样发生了。

146

2009年11月28日的《重庆晚报》，刊登了一篇题为《餐桌上的耗儿鱼为啥没有脑壳》的报道，说的是天涯社区一个题为《耗儿鱼的头长什么样子》的帖子引起热议，短短半天两千多人点击看稀奇。为何耗儿鱼没头？记者采访了餐厅、超市、水产户、水产加工厂、动物学家等，发现这个小问题还真难倒了一大片人。一路采访下来，答案竟有好几个版本，各种说法莫衷一是。

这耗儿鱼，其实就是绿鳍马面鲀，舟山人称之为“绿剥皮”。虽说舟山人还不至于像重庆人那样“少见多怪”，但这种到了市场上就已没了“脑壳”的鱼，如今在舟山市场上也很少见，说不定再过几年，我们也会像重庆人那样，煞有介事地讨论起它为啥没有“脑壳”。

147

舟山渔民是从1976年开始捕马面鲀的，该年度捕获量约两千吨，仅次于带鱼的约一万四千吨和大黄鱼的约七千吨，已超过了只有约九百吨的小黄鱼。

之后十几年，随着大黄鱼急剧减产，马面鲀一跃成为仅次于带鱼的舟山“看家鱼”。

马面鲀的自然寿命比较长。舟山渔民捕到过一尾马面鲀，体长四十二厘米，重一千四百四十克，竟活到二十龄。但这么长命的马面鲀，到20世纪90年代中期以后也被捕得不成鱼汛了。

148

若与舟山传统“四大渔产”相比，马面鲀算不了什么。这种鱼长相难看，鳍棘又长又粗，挂网后很难取下，稍不留意就会伤人手指。在大规模捕捞前，渔民网到它，大都只当作鱼粉原料。只是1976年“四大渔产”已呈衰势，马面鲀旺发也就变成一道“福音”了。

于是，它的价值马上被最大限度地开发出来，鱼肉制成小包装食品，也就是现在各地超市都有卖的鱼片；它的肝比其他鱼的要大，就被制成了鱼肝油；鱼皮和内脏做鱼粉、皮炼胶。

一条马面鲀，被“吃”了个连渣也不留。

149

1976年舟山人在对马面鲀旺发的一片欣喜中，忽略了一点：这种鱼的旺发，预示海洋生态系统已遭受严重破坏。海洋不得不进行自我调整，在生物链中由低质品种代替高质品种，以维持新的生态平衡。

所以马面鲀旺发是舟山渔场由盛转衰的一个标志。

海洋居然是以一种鱼的旺发来发出一个渔场资源衰退的警告！

这是十几年后我在整理海水鱼产量资料时得出的一个结论，但也已是“马后炮”。

捕捞马面鲀

150

1976年，“四大渔产”占舟山海水鱼产量的比重仍在百分之六十左右。但到1977年，整个东海区大黄鱼产量就一下子从1974年的约十九万六千吨下降到约八万九千吨。1978年后仍在下降。到了20世纪80年代中后期，大小黄鱼、墨鱼都难成鱼汛，只剩带鱼勉力支撑。到1993年，浙江省大黄鱼产量只有约一百九十吨，包括舟山的约二十七吨。

151

资源在衰退，渔场在走远。

清光绪年间(1875—1908)向南开发大目洋和猫头洋渔场；民国六年(1917)向北拓展佘山渔场；20世纪50年代后期到60年代初期，又北至吕泗渔场，南至鱼山渔场、温台渔场；60年代中期到70年代初期，东至舟外渔场和江外渔场；70年代后期到80年代，南至闽东渔场，东至渔外渔场和温外渔场。每一次都是老渔场资源消耗殆尽，只得开发新渔场。

在尚未实行休渔期的年代里，渔民都是沿着鱼类洄游路线，在鱼类旺发前期、中期、后期，到各个渔场追捕，甚至汛期后还要滥捕幼鱼和产卵亲鱼，可谓赶尽杀绝。长期不停歇的超强度捕捞，一个接一个渔场被蚕食，才最终导致了东海渔业资源急剧衰退的局面。

152

这种以主要物种濒临灭绝为标志的衰退，其实是可以避免的。

比如大黄鱼，追踪它的自然种群濒临灭绝过程就会发现，1957年盛行的敲罟作业，1974年至1976年的围剿越冬渔场，是两次致命打击。

153

现在连渔区年轻人都说不出敲罟作业的具体情形了，还是几年前，一位曾身历其境的老渔民向我详细描述了这种后来被摒弃的作业方法。在他的描述中，1957 年的敲罟作业，无疑是一场和海洋的“战争”，其组织程度和浩大规模，极其符合当时“人定胜天”的主流思想。

捕鱼时，由一两艘十吨位至十五吨位的大渔船，携带两吨位至两点五吨位的二三十艘小渔船，组成一个一百五十人左右的生产单位(俗称“一艚”)，让小船上的人不停地敲击黄檀木板或竹筒，发出“嘣嘣”响声。由于大黄鱼头部长有两块“耳石”，遇刺激性声音便会翻浮于海面上，或朝没有声音发出的渔网方向游去，结果便被驱赶集结于包围圈内“一网打尽”。

敲罟作业古已有之，但之前只是个别为之，与 1957 年有组织的大规模行动截然不同。1957 年的敲罟作业，无疑是史上一次罕见的“竭泽而渔”。

这一年大黄鱼总产量为平常年景的二十余倍，黄鱼堆积成山，只得发动群众吃“爱国鱼”。“爱国鱼”的叫法由此不胫而走。

对这种作业方式，当时也有反对声音，但时值“反右”，有“宁左勿右”思潮推波助澜，渔业高产成了压倒一切的“绝对真理”。虽说 1964 年时敲罟作业被国务院明令禁止，但它所造成的灾难性后果已无法挽回。

154

对大黄鱼的第二次致命打击是在 1974 年至 1976 年，不合适地开发了江外、舟外大黄鱼越冬场。大黄鱼群体在越冬阶段具有较高集群性，极易被强大的捕捞力量“一网打尽”，且大黄鱼产卵之前就被捞起，从根本上动摇了大黄鱼的资源基础，破坏了大黄鱼种群的补充机制。这种行为终于使东海大黄鱼资源加速衰退。

所以，1976 年及其之后若干年的马面鲀旺发，其实是东海渔业资源急剧衰退前的回光返照，是大自然对人类的一次预警。在致命打击之前，我们没能就此彻底清醒过来，实在可惜。

155

1995 年，东海渔业资源全面衰退，该年开始实行东海海域伏季休渔制度。九年后，到 2004 年，新华社发布消息说，东海渔场的带鱼、小黄鱼、鲳鱼、鳓鱼等经济鱼类幼鱼在张网中的比例呈增加的趋势，海洋机动渔船单位功率捕捞量也有一定提高。

至今，休渔仍年年按期实行。

156

一直到东海去捕鱼的舟山人，会培育水产品幼苗去放流。2010 年至今累计放流四十亿尾(粒)，品种包括岱衢族大黄鱼、曼氏乌贼、锯缘青蟹、三疣梭子蟹、黑鲷、日本对虾及海蜇等等。

为什么要多品种放流呢？是为了使海洋生物在自然环境中维持一个可生存种群。

157

舟山建成人工鱼礁礁体约四十万空立方米。上海海洋大学对马鞍列岛人工礁区开展了数次跟踪调查，结果显示：礁区建成以来，新出现褐菖鲉、大泷六线鱼、黄鳍鲷、褐牙鲆等恋礁性鱼类十多种，海洋生物平均密度比投礁前增加八点六倍。

上海海洋大学提供的视频显示，嵊泗狮子礁西偏南约五百米的人工鱼礁边，色彩斑斓的鱼、虾、蟹等海洋生物自由穿梭；在礁石上附着的藤壶、贻贝、布龙岩螺等清晰可见……

158

我国第一张个人海钓证是在舟山诞生的。去舟山钓鱼先要申请，持证才能钓鱼。

舟山在全国首创了海钓证、海钓经营许可证、贝藻类捕捞许可证。

159

一艘渔船捕获一条长约二点七米、宽约二十七厘米、重约四十三公斤的特大带鱼。艾青夫人高瑛在《北京晚报》看到这个新闻觉得十分惊奇。艾青却不以为意地说：“这算不了什么奇闻。带鱼十分喜欢咬前边的尾巴，所以你只要抓住一条就可以扯上来许多条。”高瑛说：“哪会有这样的事，我可不信。”艾青说：“这个有趣的故事是我在舟山群岛听渔民们讲的。那时,我正在那儿体验生活,收集创作素材。”

1954年10月,艾青来过舟山,写了一部民歌体长诗《黑鳗》。那是爱情诗。直到晚年,艾青把他一生写过的民歌体长诗如《藏枪记》《吴满有》都给否定了,唯独对《黑鳗》多次提及。他还给去北京的舟山文学青年题字“怀念舟山群岛”。

160

那时候捕上特大带鱼寻常得很,近年来捕获特大带鱼才叫奇迹。

2009年3月8日,一艘渔船在舟山渔场捕获一条约十二公斤重的带鱼,比艾青夫人感到惊奇的四十三公斤带鱼小多了,但此事连新华社都发了通稿。

161

2009年3月18日,金塘岛漂来一条蹊跷的“大鱼”,这条“鱼”被拖到渔业码头起吊,先用八吨吊车,无法吊起,再换成十五吨吊车,终于吊起来了。

这条“大鱼”有约十二米长,直径近一米,重十多吨。它是在大鹏岛附近被发现的,发现时已死亡,浮在海上。国际捕鲸委员会鲸类碰撞委员会委员王亚民副教授看过“大鱼”照片后,推断这是一头须鲸。

在这之前,舟山海域没有发现过须鲸的记录。为什么会出现须鲸?它又因何死亡?一时间议论纷纷。此事新华社也发了通稿。

海洋是另一个世界,这个世界比起我们身处的世界来,谜团更多。

162

鲸分齿鲸、须鲸，海豚属齿鲸亚目。2007 年 9 月 12 日，朱家尖东沙浴场的海面上漂来一条黑色“大鱼”，发现时它已死亡。浙江海洋大学专家看了照片后，说是长吻真海豚。这种海豚，在浙江沿海的舟山、温岭，只发现过三头。

东海海域还发现过巨鲨。

2005 年 9 月 21 日，一条已经窒息死亡、重达一万多公斤的巨鲨，在东海渔场被捕获。因无法将巨鲨起网上船，渔民只好用数道粗绳捆绑后花约四十个小时把它拖到衢山岛码头。行家估算，此鱼能卖到二十万元左右。

2008 年 10 月 19 日，也在东海海域，一条约十二米长、二十多吨重的金钱鲨误入了衢山渔民的渔网。渔民想将其放生，但这个大家伙不停往渔网里钻，渔网越缠越紧，它失去了生命。这条金钱鲨张开的嘴巴有一个成人高。渔民用对讲机叫来附近另一艘渔船，两艘船一前一后，花了三天时间，才将大鲨鱼拖到衢山港。

大鱼频频现身，说明东海海域鱼类资源在恢复。

163

大鲨鱼是在远离海岸的东海洋面上捕到的，近在咫尺的海区也有大鱼出水。

2008 年 12 月 3 日，从事海钓二十多年的老狼海钓俱乐部会长徐斌立，在桃花岛米鱼洋钓上一条长约八十二厘米、重约七点六五公斤的真鲷王。

真鲷可是中外驰名的名贵鱼类呀。

有关专家根据鱼鳞判断,这条真鲷的鱼龄已有十七八年。之前海钓业内人士钓上的最大真鲷纪录是约六点八公斤。

164

还有一种鱼,叫毛鲿,也极珍贵。

毛鲿体态与鮸鱼相似,除了肉质鲜美,其鱼鳔的市场价格为每公斤三万至五万元。

毛鲿的繁殖期相当短暂,而且能够产卵的亲鱼都要重达八十至一百公斤,因此在20世纪70年代前即渔业资源没衰退时,毛鲿也只能小规模捕捞。那时,5月至7月毛鲿在金塘洋面产卵,傍晚至半夜鸣叫,声如擂鼓。

20世纪70年代后毛鲿资源锐减,没了鱼汛。可是,2008年6月3日,普陀渔船在舟山海域捕获一条长约一点六米、重约七十四公斤的雌毛鲿,当年七十岁的渔民袁沉福说:"我捕了大半辈子鱼,也没看见过介大的毛鲿。"

165

比毛鲿更珍贵的是黄唇鱼。

著名的"上八珍"中,狸唇、驼峰、猴头、熊掌、燕窝、凫脯、鹿筋都是陆上的珍稀动物,海里的仅黄唇胶即黄唇鱼的鳔一种。

黄唇鱼又称金钱猛鱼,系近海暖温性稀有底层鱼类,是中国的特有鱼种。其鱼鳔上部有肥厚的胶原蛋白，具有滋补肝肾的特殊功能，素有“贵如黄金”之说。美国一家媒体公布了九种全球最贵食物，金钱猛鱼位列其中，每磅鱼肉的价格高达七百十四美元。

如此珍贵的黄唇鱼，在舟山也偶有出水。2008 年 3 月 4 日，六横岛渔民在悬山岛铜锣甩以东近海流网作业时，捕到一条约九公斤重的黄唇鱼。

166

毛鲿和黄唇鱼，珍贵都在于鳔。鱼鳔有多好？有一名老记者，年轻时因为熬夜，落下了胃痛的毛病，他的新婚之夜也因为胃痛发作是在医院度过的。可后来他的胃病奇迹般地好了，也没吃什么药，就是吃了几斤毛鲿鳔，还不是黄唇鱼鳔呢。

那人是谁？就是我本人。

167

舟山渔民捕获的珍稀鱼类，还有双吻前口蝠鲼。

蝠鲼和鲨鱼有近亲关系，同属于软骨鱼类，海中游泳时如同一只展翅飞翔的大蝙蝠，能用力拍击水面腾空跃起，在距海面约四米高的空中，拖着长尾滑翔，因此俗称“蝙蝠鱼”。2005 年 9 月，舟山渔民在东海海域捕到一条长约三点二米、宽约四点三米的蝠鲼。

一章姓温州商人购买了它，捐给上海科技馆。该馆藏品区主任张年狮说：“蝠鲼很难被捕捉，长到这样大的十分罕见，尤其是雌性更是稀有。”从此，上海科技馆有了一个巨大的蝠鲼标本。

蝠鲼应生活在热带海洋中，那年能在东海流域发现，据专家推测，可能是受美国飓风影响，它顺着深海水流至浙江一带。它的捕获，对科研人员研究鱼分类学和海洋气象，都有极高的价值。

168

与蝠鲼有点相像的翻车鲀，在东海海域也有捕获。

翻车鲀是世界上最大、形状最奇特的鱼之一。它们的身体又圆又扁，像个大碟子。

凡尔纳的《海底两万里》中，那个鲸叉手说的“把它放在锅子里煮，锅都丢脸”的鱼，就是翻车鲀。那肉像豆腐一样松软的翻车鲀，放在锅里煮，会越煮越硬，所以才“锅都丢脸”。

2006 年 6 月 6 日，一条渔船在东福山海域捕获一条翻车鲀，长约一点六五米，鱼体最宽处有约一点八五米，其中两个鱼鳍各占约零点六米。

这条大鱼，六个渔民一起用力才能把它扛起。

169

在舟山海域还接连捕获到石川粗鳍鱼。

2003 年 5 月 6 日，一艘渔船在桃花岛外海区捕获一条石川粗鳍鱼，鱼长约二点五六米，重约十四公斤半。中新社发布消息说，三个月以来舟山已接连捕获了四五条石川粗鳍鱼。

这种鱼最早记载于 1901 年出版的日本东京帝国大学博物馆杂

志，为世界范围内少有的珍稀鱼种，常年生活在两百米以下的深海里，极少出现于浅海。

170

海里有奇鱼，海上捕鱼有奇遇。

2017年2月19日，两艘普陀渔船在作业时遇上奇景，大群白晃晃的小黄鱼突然浮出水面。大约两个小时里，渔民捞鱼捞得手发酸，笑到脸发僵。有的渔民甚至翻到船舷外，一手攀住船舷，一手拿箩，像舀粥一样直接在海里捞鱼。他们在海上白捡了九千余公斤小黄鱼，至少价值十二万元。渔民捞鱼时，大群海鸥也聚拢来抢食。

微信朋友圈里，船老大直播捞鱼盛况，这视频在网上“火”了好几天。

小黄鱼怎么会浮上海面？专家分析，一是与水流有关。上浮鱼群的海区属于东海外洋海域，可能正好遇到黄海冷水团和台湾暖水团在此交汇，形成“水障”，引起鱼群不适，从而浮上海面。但也不排除由周边渔船的作业方式引起，或是海域环境动态变化导致。总之专家们在大海面前也成了“砖家”，说不大清楚。

171

舟山人老早就会人工养殖大黄鱼了。嵊泗网箱深水养殖的大黄鱼，从“条子”看上去已能以假乱真了，但舟山人从来不吃养殖大黄鱼。

舟山人请外地客人吃饭，客气点的都会上野生大眼睛小梅童鱼。有一次一位客人背地里发牢骚，说介不客气，净上些小鱼小虾，被主人家听见了，一气之下，第二天就把养殖大黄鱼端上桌。客人被主人突然间的“客气”弄得有点不好意思，怀疑是自己背地里的议论被主人家知道了。主人满脸堆笑，心里却嘲笑他傻，养殖大黄鱼二十元一斤，野生大眼睛小梅童鱼最便宜也要五六十元一斤呢。

172

20 世纪五六十年代，大黄鱼三角到四角一公斤，野生的。那时没有养殖大黄鱼。那时如果谁说要去研究养殖海鱼，估计要送他到精神病院去了。

现在大黄鱼按条卖，一条野生大黄鱼几百上千乃至上万元，还很抢手。

173

科技一定会带来进步？错，至少在舟山渔场，科技也带来过“退步”。电网捕鱼、灯光捕鱼、声波捕鱼、脉冲惊虾仪等新科技，现在都弃之不用了，因为它们也是渔场资源衰退的罪魁祸首。

有一种危言耸听的观点，说人类会被科技进步毁灭。科技进步会不会毁灭人类不知道，但科技进步确实已把野生大黄鱼种群近乎毁灭了一次。

174

有一位渔老大，过去是高产老大中的高产老大，年年戴大红花上主席台领奖。他的儿子有点残疾，但村子里最漂亮的姑娘却愿嫁给他，看中的正是高产老大公公能把自己的阿爹招到船上去。这么一位风光了大半辈子的人物，在大黄鱼抲光的那一年，幡然醒悟，发现自己错了大半辈子。于是在后来国家实行休渔制度后，还一直奔走呼吁要延长休渔期，后来延长了他依旧奔走要求再延长，直到临死前还念念不忘。

175

2006 年 5 月 4 日，舟山国际水产城大黄鱼拍卖，全国各地来了五十多名买家，竞拍九条舟山野生大黄鱼。

经过多轮竞拍，三条一公斤多重的野生大黄鱼，分别以四千一百元、三千七百元和七千一百元的价格成交。第七条约一点三公斤的大黄鱼，起拍价两千五百元，喊到三千元时，有位买家直接喊出一万元，最终以一万一千元成交。第九条大黄鱼重达两公斤，被买家以两万九千八百元拍得。

不知这买去的野生大黄鱼怎么吃？会不会像金枪鱼一样削片吃？不然也太奢侈了。

176

不要以为大黄鱼只有竞拍时才贵。

2015 年初，央视财经频道《消费主张》和《第一时间》栏目，探访舟山的“四大名鲜”。带鱼、小黄鱼、乌贼都找到了，就是野生大黄鱼难找。节目组记者到处探寻，终于在沈家门东河菜场找到了一条三斤多的野生大黄鱼，一问价格，这条大黄鱼要六千多元，央视记者想不到这么贵，当场傻眼。摊主报完价后也傻眼。

许多外地人分不清野生大黄鱼和养殖大黄鱼的区别，更分不清舟山内洋野生大黄鱼与外洋野生大黄鱼的区别。央视记者就是因此傻眼。

内洋野生大黄鱼如今市场价在每斤一千多元到三千元之间，那还是条重一斤多的价格。摊主卖给央视记者的是一条三斤多重的内洋野生大黄鱼，只卖六千多元实在太便宜了。事后，那位摊主连连摇头，说自己是被背着摄影机的记者吓傻了，价格喊低了。

177

除了大黄鱼，带鱼的差别也是许多外地人弄不清爽的。

按照栖息海域的不同，带鱼分舟山带鱼、东海带鱼和外洋带鱼三种。正宗的舟山带鱼指的是栖息在舟山群岛渔场，也就是北纬 29°30′—31°00′、东经 125°以西范围内的带鱼。这个范围外东海内的带鱼就是东海带鱼。来自国外的带鱼则是外洋带鱼。

正宗的舟山带鱼有“三小一厚”：个体小，头小，眼睛小，肉膛厚。最关键的是眼睛小，“小眼带鱼”比“大眼带鱼”更肥美。这是舟山“马大嫂”分辨舟山带鱼的主要方法，很管用的。

带鱼还有黑鳞、白鳞之分。白鳞带鱼有油，好吃。黑鳞带鱼老舟山人是不吃的。

“月光白茫茫，带鱼会上网。”同一条船，同一海域，早潮和晚潮拘上来的带鱼不一样，晚潮带鱼比早潮带鱼好吃。

最后，带鱼好吃不好吃跟季节也有很大关系，冬至临近时带鱼最肥美。

这也太复杂了，归纳一下关键词：舟山内洋，小眼睛，白鳞，晚潮，冬至临近。五要素齐全的就是带鱼中的极品。

178

过去渔村有一些常年“下饭”，冻带鱼也是其中一种，整个冬天家家户户必备。

冻带鱼好吃，是因为它是在带鱼最新鲜时烧的。渔船拢岸，带鱼除了卖给经销船，渔民也会带几筐回家。那时又没冰箱，除了把它制成“风带”，也会红烧几大盆，让它结冻。“冻”，就像凝固剂一样，能封存带鱼的鲜度。所以，寒冬腊月，带鱼冻得越硬实，越好吃。

179

冻带鱼是最具舟山特色的带鱼吃法，不过那已是过去时了。

若要品尝舟山带鱼的鲜美原味，首推清蒸带鱼。除此之外的烹调方法，比如红烧、干炸等，其味都远不如清蒸。因为只有在舟山，带鱼新鲜得像能活回来，才有足够的鲜度做清蒸带鱼，这在外地是吃不到的。

将舟山带鱼洗净切段后上盘，最多撒一点盐，然后将水烧开入锅蒸，最后水清鱼白地上桌，肉嫩到几乎夹不起完整的一段，入口就更觉细滑了。尤其是肥肥的鱼肚皮，油脂最厚，吃完满口留香。

180

除了带鱼，现在舟山渔场较多的经济鱼类还有鲳鱼。带鱼叫带鱼很好理解，它的身体就像一条长长的带子。鲳鱼呢？李时珍在《本草纲目》中这样描写："昌，美也，以味名。或云：鱼游于水，群鱼随之，食其涎沫，有类于娼，故名。"前一句讲对了，鲳鱼确实也是海鱼中的美味，后一句却把鲳鱼"黑"得不轻。

不过，鲳鱼喜欢栖息于沿岸砂泥质底海域，经常与金线鱼或对虾等海洋生物聚群生活，确实有点"杂交"倾向。鲳鱼有长鲠、婆子之别，不同于大黄鱼、小黄鱼是两个品种，它们都属于银鲳，只是长相不同而已。长鲠的鳍较长，尾叉较深，身体秀颀；婆子则正好相反。这种形体上的差别是否跟它"杂交"相关？这要留给鱼类学家去研究了。

181

3 月底 4 月初捕捞上来的鲳鱼，是一年中最肥的。这时候，舟山渔场的鲳鱼，由南往北，做产卵索饵洄游。离禁渔期也越来越近了，鲳鱼一网比一网贵，也一网比一网好吃。

鲳鱼的烧法很多，舟山最常见的是红烧鲳鱼、抱盐蒸鲳鱼和鲳鱼粉丝汤，这些是家常做法。其他做法如烟熏鲳鱼，也很不错。烟熏鲳鱼以前只能在饭店吃到，现在家里有了烤箱，也不难烹调，先用酱油、老抽、糖、味精、蚝油、姜、葱、料酒、蒜粉和各种香料调制成卤汁，把鲳鱼放入调好的卤汁内稍腌，然后捞出风干，再把入味风干的鲳鱼垫上葱，刷烤鲳鱼汁（用蚝油、海鲜酱、老抽、蜂蜜调制），入烤箱烤八至十分钟（两百摄氏度左右）即成。这样烤出来的鲳鱼带着烟熏味，吃起来别有一番风味。

不过，如果鲳鱼是新鲜的，舟山人一般都会选择家常做法，只有冰冻了较长时间的鲳鱼,才会搞得这么复杂。

182

舟山有许多海鱼烹调秘诀,外地人是不知晓的。比如鳓鱼,外地人宰杀时都会把鱼鳞刮掉,看在舟山人眼里就会觉得非常可惜。鳓鱼鳞多油脂,尤其是肚下的棱鳞更甚,带着鳞去清蒸或红烧,烹调时油脂析出,味道要比去掉鳞更加鲜美。

外地人还不知道的是,每种鱼,鱼身上总有一个部位是最好吃的。舟山渔谚说:"黄鱼吃'八卦',鳓鱼吃尾巴,鲳鱼吃下巴,带鱼吃肚皮,鮸鱼吃脑髓。""八卦",指黄鱼的唇;"尾巴",指鳓鱼的肛部与尾鳍之间。至于鮸鱼头,渔谚中还有"宁可忘割廿亩稻,勿可忘吃鮸鱼头"的说法。

183

梭子蟹是海产品美味中的美味。蟹有多种烹调方法,最简单的方法——烤,这样最能吃到梭子蟹的原味。烤蟹时是不能放水的,硬壳朝锅底用中火烤,一直烤到背壳有焦味。这样烤出来的梭子蟹,蟹肉不但鲜美,而且是一丝一丝的。

嵊泗有一种在舟山独有的梭子蟹烹调方法——倒立蟹,把蟹对半切开,切口朝下倒立在蒸锅中,然后用大火隔着水蒸。这种方法比起烤来,肉质要嫩。不过,有一点千万勿忘:锅里的水一定要先烧开。

从冰箱里拿出来的冰冻梭子蟹,最适宜的是烧葱油蟹。但就怎么烧来说,外地人常常犯错,他们总是先解冻再烹调,这样的话这只蟹基本上算是毁了，不但吃不到蟹鲜味，蟹肉也会发糊。正确的方法是，不解冻就把蟹斩成段，马上入锅蒸，另锅把熟油、酱油、姜、葱、料酒调制成卤汁，待蟹蒸熟后浇在上面。

倒立蟹

184

外地人烧海鲜最离奇的故事，是一位朋友告诉我的：把海蜇头蒸熟了再吃，结果出锅时一碗海蜇变成一碗水了。他居然不知道海蜇头是要生吃的。

185

凡到舟山尝过海鲜面的人都会赞叹："舟山的海鲜面，真叫天下第一鲜，只要吃过一回，这辈子就忘不掉了。"

舟山海鲜面以海鲜种类多且新鲜著名，常放的海鲜有虾蛄、海虾、花蛤、小黄鱼、虾潺。有名的店家很多，其中的翘楚要数沈家门菜市路的"老国强"，西大街的"老友强"、巴哈面店，东港海莲路的飞珠面店，定海德行路的赵璐面店。它们都有店家特制的高汤。

海鲜面中，最鲜的是蟹面，烧一碗面一般用一只蟹。这碗面如果冬天来吃，膏蟹一两百元一斤，一只蟹七八两重，这碗面的价格你可以想象了。

舟山海鲜面

186

“蟹酱要直戳莫横戳”——这是过去渔村饭桌上，大人常常提醒孩子的一句话。当然这个“过去”已经属于渔业资源衰退的年代了。

“戳”，是一个很特殊的舟山渔村生活用语。与“搛”不同，“戳”只能与蟹酱相连，连螺酱也不行，因为蟹酱制作时要去掉蟹盖，剩下的壳连同肉剁成酱，螺酱却是将螺壳与螺肉一起斩碎，并不剁成糊状。所以吃蟹酱只能用筷子去“戳”，不能“搛”，螺酱则能“搛”了。

要“直戳”莫“横戳”，是因为“直戳”比较节省，那时一般人家，大人们是从不“横戳”蟹酱的。

那天在渔村吃饭，我忽然想起这句话，大模大样地“横戳”了一下桌上的蟹酱。看众人反应，谁也没在意——准确地说是谁也没觉得有什么不对。毕竟时代不同了。

187

蟹酱虽是过去渔村的常年“下饭”，但在长年“下饭”中属于高档货。渔村有“一口蟹酱半碗饭”之说，还把蟹酱叫作“压饭榔头”。

要知道过去渔村的饭，不是现在大家都在吃的那么柔软的米饭，大多用糙米煮成，这样的饭需要有“压饭榔头”才咽得下去。

蟹酱其实很奢侈——放在眼前说，更奢侈了。

做一瓶蟹酱（一般腐乳瓶大小）少说也得四五只蟹，蟹壳蟹脚全去掉，只剩下中间一块，然后剁成肉酱。若是红膏蟹，百八十块一只，一瓶蟹酱就值四五百块钱，轻易是不做的。

当然以前蟹没像现在这么贵，但比较起来，蟹酱还是属于渔村常年“下饭”中的高档菜，所以大人要教导孩子“蟹酱要直戳莫横戳”。

188

舟山还有道名菜，叫鱼鲞拼盘。那鱼鲞，晒干不行，晾干不行，必须风干才算上品。如果是出海时在渔船上用活鱼剖开，直接拿海水洗后挂在船上风干的鱼鲞，那简直可称为极品了。

“风”是舟山人特有的一个动词。其实就是让海鲜失掉水分，但舟山人因为有海风，所以自豪地将这个风干的动作强调出来。

海水洗过的鱼，咸度恰恰好，而且咸和鲜是浑然一体的。船在大海上行驶，西北风吹来没遮挡，穿透力极强，风干一条鱼比在陆地上时间短，所以才是极品。但船上就那么大地方，能挂多少东西？市场上的大部分风鱼，是用电风扇吹干的，好几台大风扇“呼呼”地吹上一整夜，第二天早上鱼风干得差不多了。当然这样的风鱼，其味道和船上风干的风鱼是无法相比的。

189

风鱼也有很多讲究。

风带鱼不能风得太干。鱼鲞表皮硬了，捏一捏里面还有些水分，这叫新风带鱼。新风带鱼搁置的时间长了，特别是照到了日光，表皮上就要冒出一层油来，颜色会发黄。哪一种更好吃？当然是新风带鱼，但也有人专挑冒油的风带鱼吃，说吃起来油滋滋的。

风鳗同样不能风得太干。鳗鱼整条从肚皮剖开，中间横撑一根小棍以免粘连，风成六七分干时，肉色依然雪白，这时上锅蒸熟最好吃。风鳗搁置久了同样会发油，发油的风鳗，一般只能做糟鱼了。

并不是所有的鲞都不要风得太干。风鳗有鳗筒、鳗鲞之别。鳗鲞若用来烤肉，必须风到完全失掉水分，老鲞烤肉才香。

190

舟山有家菜馆，馆名叫“海嘎巴鲞烤肉”。用一道菜做店名，可以想象这道菜有多美味。

海嘎巴，也就是鮟鱇鱼，以前舟山人不吃的。

舟山网友喜欢以“鱼”做网名。

笑鱼、老鱼、默鱼、小飞鱼、七仙鱼、海丽鱼、木头鱼、五彩鱼、呼吸的鱼、流浪的鱼、散步的鱼、自在小鱼、渴死的鱼、小鱼看客、草原上的鱼、离开水的鱼、孤单的青占鱼、飞向天空的鱼、靠水呼吸的鱼、跳跃的小鱼儿、爱吃醋的小鱼、月光下的凤尾鱼、舟山大黄鱼、东海鱿鱼丝、舟山大带鱼、精灵古怪弹涂鱼、海嘎巴牌鮟鱇鱼……居然也有鮟鱇鱼！

191

东海四大经济鱼类资源衰退后，以前海岛人不吃的一些鱼类倒是旺发了，鮟鱇鱼就是其一。

舟山人以前不吃鮟鱇鱼，因为鮟鱇鱼外貌极丑，头又大又扁，有点狰狞，周身黑不溜秋，表皮有小疙瘩，几颗尖尖的牙齿还露在嘴巴外面，除了“青面獠牙”想不出更合适的词来形容它。这样丑的鱼，凡是看见的都不想吃，可见舟山人吃鱼实在是有点以貌取鱼的。

不过鮟鱇鱼其实是个好东西，营养价值极高。日本人则用鮟鱇鱼做刺身，将鮟鱇鱼在零下六十摄氏度的超低温下保鲜，然后制作成刺身。其鱼肉肥白，鲜少有刺，用它制作成的刺身非常精致。

舟山人开始吃鮟鱇鱼后，一般的烧法是咸菜鮟鱇鱼。后来发现它的肝特别嫩，搛到嘴里，几乎自个儿就化了，无论炖鸡蛋还是炒着吃，都超级柔滑软嫩。

吃“丑”鱼也改变了舟山人的审美观。现在舟山人去买鮟鱇鱼，都会挑鱼身上黏液特别多、看上去特别丑的，因为鱼丑肝大。

192

鲞有鲞的滋味，但鱼主要还是吃新鲜的。

烧熟后怎样看出是否新鲜？外地人辨别不出，舟山人一眼能看出：鱼鳍“笔笃翘”，才算最新鲜。当然，各种鱼有各种辨别方法，烹调方法不同，辨别方法也不同。比如一条蒸熟的鲳鱼，要看鱼背上划刀处的鱼肉是不是像“爆米花”一样爆开了，是的话才是最最新鲜的。尝一口，除了鲜外，还带着丝丝甜味，那样的鱼就是海鲜中的翘楚了。

不过去岛上做客，根本不用花费这心思，渔民肯定会拿最新鲜的鱼招待你。

193

舟山小岛上有个风俗，一户人家来了客人，全岛的人家都会拿出一道菜来——肯定是家里最好的菜，端到来客人的人家。所以小岛人家来了客人，是不用像城里人那样急吼吼去菜场买菜的，小岛上也没有菜场。要是没有这种风俗，那就尴尬了。

对此，外地人都说小岛人厚道、热心。叫我说，厚道是厚道，热心是热心，但也是被环境逼的。

194

在舟山，几乎每一条鱼都有故事，最有名的是“梅童鱼说亲”：

有一天，东海龙王贴出皇榜，要为三公主招驸马。梅童鱼游过时看见了，对照对照自己，思忖：莫看我个头小，全身金鳞锃亮，卖相要多赞就有多赞，只有我梅童鱼才配得上当驸马。梅童鱼越想越得意，奔到箬鳎鱼窝里，求箬鳎鱼去做媒。

第二天，箬鳎鱼上朝，在龙王面前为梅童鱼说亲。“小小梅童也想做驸马，你不是抬我城隍（跟我开玩笑）吗？”龙王撩起一巴掌，把箬鳎鱼掴到墙壁上，把它身子掴得扁扁的。梅童鱼看见龙王一巴掌把箬鳎鱼掴扁了，魂灵也吓出了，头一扭就逃，慌张中一头撞在珊瑚礁上，头也撞肿了，还嵌进去两块珊瑚石。

梅童鱼逃出龙宫后，偏偏遇到了虾潺。虾潺最喜欢哄闹热（凑热闹），看见梅童鱼慌慌张张逃出来，头还肿得像斗介大，就一把拖牢，问:“咋了?”梅童鱼惶恐,不肯讲。但梅童鱼越不肯讲,虾潺越要它讲。梅童鱼晓得自己勿讲过不去,只得讲了。虾潺听说梅童想当驸马没当成,还撞得头破血流,变成了大头梅童,乐得哈哈大笑起来。它笑得太结棍(厉害),下巴骨脱落了,嘴巴再也合不拢。

我听到的这故事是用舟山方言讲的,这里记录下来也用舟山方言。这是舟山民间的鱼故事中最有意思的一个,它把讲到的鱼的形象都拟人化、故事化了,舟山渔民的想象力真丰富。

虾潺嘲笑头撞肿了的梅童鱼,笑得下巴快掉了

195

不仅鱼有故事，每一种海洋生物也都有故事。其中有一个故事也很有意思：

枸杞岛有位漂亮的渔家女，盘踞岛上的海盗王一直想霸占她。农历三月初三那天，渔家女要嫁给壁下岛渔家小伙为妻了。载着新娘的渔船刚驶出岙口，强盗船就来拦劫。情急之下，渔家女潜入海底，躲进黄螺壳。从此，每逢三月初三，海螺就爬上礁岩，螺叠螺，叠成风冠状，盼望意中人前来相会。于是就有了“三月三，黄螺爬上滩”的谚语。

类似这样的故事，无论是风趣的、幽默的，还是凄美的，都与爱情有关。渔民出海想女人，渔妇孤守海岛想男人，便在孤独长夜里编排出一则则故事来。

196

沈家门渔港有一组雕塑，反映的都是旧时舟山渔民生产生活的情景，如上船卖水、修补渔网、唱响渔歌号子、泥船拾贝、岸边理发等，现在，这些场景早已和渔民告别了。

告别的才有意思，即将消失的才会觉得别有滋味。沈家门有“小上海”之称，沈家门人大多不喜欢标榜怀旧，但旧的东西也是喜欢的。

197

沈家门有家岑氏木船作坊很有名，位于上海的中国航海博物馆的馆藏之宝——明代福船是它打造的。15 世纪郑和下西洋，福船是船队中的标准船型。岑氏打造的福船，外形、结构完全复原古船，观众可上船入舱参观，船还可下水航行，造价四百万元，是国内第一艘在博物馆陈列展示的福船模型。

岑氏木船作坊有着百年历史，除了福船，它制作的“郑和两千料海船”船模被国家博物馆永久收藏，打造的“安福舻”仿古船因传递奥运火炬进京而名噪一时。

当怀旧能够赚钱，沈家门人特别怀旧，不像定海人，只在笔头上怀怀旧。

198

舟山有位“渔民号子王”，叫洪国壮。他表演渔民号子，本来只是“打酱油”，却不料登上国家大剧院舞台，参加央视《星光大道》，还捧回一个国际金奖。

渔民号子伴随劳动而歌唱，以“呦啰嗬”等语气词为歌词主体，根据不同的劳动强度唱出不同旋律、音调。渔民号子还有远洋、近洋之分。远洋号子粗犷有力、激昂雄壮，如起锚号子、拔篷号子、起网号子；近洋号子旋律性较强，节奏明快轻松，渗透着小调的某些特点。

当木帆船退出历史舞台，渔民号子渐渐没人会唱了，但愈是稀罕愈是让人感到新奇。

199

最铿锵的鼓声是舟山锣鼓。一个人打五只鼓，一个人敲十一面锣，排鼓与排锣的演奏极为默契，宛若一体，并配以其他打击乐和唢呐。乐曲高潮来临时，惊天动地，是渔民最喜欢的热闹场景。

舟山锣鼓有专业化民间唱班，白泉高家班是其中著名的一家。以前，每逢婚丧喜事、渔船拢洋、店庆乔迁，都会请民间唱班去演奏。现在呢，作为非物质文化遗产保护起来了。

还要补充一句：舟山锣鼓曾到十个国家巡回演出，是舟山最早走出国门的民间艺术。

舟山锣鼓

200

舟山跳蚤舞，全国绝无仅有。

它因舞姿酷似跳蚤而得名。两位舞者，男的饰济公，女的饰火神。济公身穿僧衣，头戴僧帽，腰系草绳，手握破扇，左一闪右一闪地躲着火神；火神身穿花绿袄，一手举花伞，一手提香篮，右一闪左一闪地逗着济公。

旧时济公、火神都由男人饰演，现在换成一男一女，观众的感觉就容易走样。

有一次街头看演出，我听一位小后生说，古代人找对象，女的也这么主动呀。旁边一位学者模样的人急了，说：一位是济公，一位是火神，济公在驱赶火神呢。小后生有点尴尬，但很机智，说："还不就是火神拼命想和济公找对象，意思是一样的。"这惹得周围观众哈哈大笑起来。

201

木偶戏全国有十多个品种，舟山的布袋木偶戏独树一帜。

与提线木偶、杖头木偶、铁线木偶不同，布袋木偶是指尖艺术。

食指顶着木偶头部，中指和拇指分别套入木偶两个袖筒，加上手臂运动，木偶就在戏台上做出执物、开扇、换衣、舞剑、打斗、搏杀、踏步、行走、骑马等动作，结合念白、唱腔和锣鼓点子，演绎出一个个惊天动地的历史故事，可谓指间舞台有着大乾坤。

布袋木偶高不过二十厘米，脸谱承袭越剧，分生、旦、净、末、丑，唱腔综合了绍兴大班、宁波走书、二黄、乱弹和越剧，以绍兴大班为主调，伴奏用高音板胡，高亢激越，单是唱腔加伴奏，就荡气回肠，让人热血沸腾。

舟山民间艺术一般都是高亢激越的，这与海岛生活有关。

202

布袋木偶戏能在海岛地区流行，在于它有极其简易的演出形式。

一个戏班只要三个人，一人表演两人伴奏，表演者身兼唱、说、演三职，伴奏者十余种乐器换着用。

布袋木偶戏因此也被称为"扁担戏"。一根扁担，一头担着折叠起来的戏台，一头担着装木偶和乐器的道具箱。挑着担子走街串巷，在人家堂前，用两条凳子一块门板架起台子，打开小戏台套在扁担上，竖直扁担固定好，就可以演出了。

如此简便，在需要乘船、路又不好走的海岛，就能很方便地转场了。

203

舟山人拜佛时，常常会许愿为菩萨演一台"小戏文"。戏文首选布袋木偶戏，因为花费少，什么样的人家都请得起。演出时，堂前正席摆着香案，案上立着神位，供着三牲供品，观众只能坐在边席看戏。

当然，遇贺岁、祝寿、结婚、新屋落成、小孩满月，也会邀戏班来助兴。这风俗，如今在一些乡村和小岛仍能见到。

204

舟山布袋木偶戏班，最有名的叫侯家班。想让侯家班演一台戏，没有预约不行。如今的侯家班班主叫侯雅飞，是侯家木偶戏第四代传人。日本木偶戏学者曾邀她前去访问演出，在东京经济大学、东京奥运村连演四场。

她也去看过日本木偶戏。日本人问她感觉如何，她说："阿拉一部戏能演一个多月，像《郭子仪》能演七十台，你们两位日本教授来过这么多次，也只看了十二台，而日本的木偶戏都是折子戏，看了不过瘾。还有，你们一个木偶需要三个人操纵，而我只用一只手就能操纵所有木偶。"一席话，说得两位日本学者连连鞠躬称"是"，让他们佩服得五体投地。

205

舟山的"打莲湘"，原是大陆行乞舞，海岛人觉得好看，也不嫌寒碜，在庙会这样庄重的仪式上居然也表演了。

长涂岛是"打莲湘"的发源地。20 世纪 80 年代我在长涂岛看到过。四个人表演，两人敲，两人唱。敲者马步微蹲，一根莲湘棒左右翻飞，先敲双肩，后敲双腿，再转身，十四个动作一气呵成，莲湘棒忽而上肩，忽而落腿，上下翻飞，宛如人棒一体。莲湘棒上铁丝串起的铜钱在舞动中发出声声脆响，如"大珠小珠落玉盘"一般。伴着清脆响声，另两人唱起"莲花落"，唱词都是一些吉利的舟山方言。

据说还有上百人参与的“打莲湘排舞”，但已无法演了，现在整个舟山只有长涂岛上一个叫邬阿达的老人会“打莲湘”，他很担心有一天“打莲湘”会消失。

206

一位来自吉尔吉斯斯坦的交换生在浙江海洋大学学习跳蚤舞、“打莲湘”。问他有何感受，他说，这些舞蹈有历史、有故事，所以要展现舞蹈的生命力，必须理解舞蹈表现的内涵，而在他们国家，舞蹈就是舞蹈，没有挖掘过舞蹈后面的故事。这是他体会最深的一点。

要是他知道不仅是舞蹈，舟山的许多寻常事物都能说出一段长长的海岛历史，他一定会晕倒。

207

舟山有个叫刘有九的老渔民，会编各种各样的绳索结。

渔船结、船橹结、兜绳结、船缆结、货运结、空心磨盘结、酒埕兜底结、帆船撩后结、倒挂卜结、老菱卜结、五星碰头结……在黄龙乡文化室，陈列着刘有九编织的七十九种绳索结，看得人眼花缭乱。

打绳结也能打出大名堂。刘有九就凭着这一手编织绳索结的技艺，成了浙江省首批非物质文化遗产项目代表性传承人。

听到刘有九获奖，黄龙乡一些后生说，这有啥稀奇，阿拉阿爹都会打。问他们会打吗，他们说，打它干什么，又派不了用场。

老渔民刘有九编织的绳索结

208

岱山有座海坛，祭海谢洋用的。站在海坛中央，极目远望，岱衢洋浩浩荡荡，海天浑然一色。这地方选得好。

因为北京有天坛、地坛，岱山的海坛就格外引人注目。天坛、地坛如今已很少用于祭祀了，岱山人却年年在海坛上祭海。说不定若干年后，海坛的名声会比天坛、地坛还要响。

这话说得有点大，要声明一下，不是岱山人说的，是我说的。

岱山祭海坛

209

岱山人雄心勃勃打造了系列海洋博物馆：中国台风博物馆、中国海洋渔业博物馆、中国灯塔博物馆、中国盐业博物馆、中国海防博物馆、中国岛礁博物馆。一律统统冠之以“国字号”。

只要你骨子里还有点文化，这些博物馆还是值得一看的。想刺激一点的就只看中国台风博物馆，室外风和日丽、艳阳高照，室内却狂风怒号、大雨倾盆，让你从听觉、视觉、触觉全方位感受台风。

210

台风年年都要来舟山，主要集中在7月至9月。对舟山危害最大的自然灾害是台风、冷空气和大潮汛相逢，这时极易发生风灾、海水倒灌、内涝等灾害。

现在舟山人记忆中最厉害的台风，首先是2005年8月的“麦莎”，市区和九个乡镇被淹，约两千九百间房屋倒塌；其次是“卡努”，仅比“麦莎”晚了一个月时间，那次台风中金塘岛成了一片泽国。

2005年是舟山台风受灾最严重的一年，而之前的2004年，是台风最多的年份，共有九个台风、一个热带风暴、一个热带低压影响舟山。

那两年，舟山人闻台风色变。

211

这几年台风来舟山的次数减少了，影响也比以前减弱，好多年没登陆了，有一次台风都已到达朱家尖了，眼看再刮过去就要刮到普陀山南海观音塑像了，却突然呈九十度角直接拐弯溜走了。那次台风路径图在网上公布后，许多人看得目瞪口呆。

有人说自从南海观音雕塑在普陀山耸立起来后，台风就不敢多加打扰了。时间上确实很巧合，茶余饭后聊聊也让人感到神秘兮兮的，但毕竟只是谈资而已，做不了真的。

真正有意思的是从台风路径的变化能发现全球气候变化的新迹象，舟山其实是个很好的研究标本，可惜没人做这个课题。

近几年来，台风未在舟山登陆

212

嵊山岛的后头湾，是一个原始村落。现在村里所有房屋的外墙都攀缘上了爬山虎、牵牛花、紫藤，密集的绿叶还覆盖了村里的道路，整个村子就像童话世界一般。英国《每日邮报》把它列为“全球二十八处被遗弃的绝美景点”之一。

20 世纪 80 年代我去过后头湾，那时村民有三千多，大多数人家造起了楼房，能造楼房的都是“万元户”。“万元户”是当时最富裕的人家。村里什么都好，就是交通不太方便，生活区域也较局促。想不到现在人去楼空，居民都搬走了。

美人迟暮，风韵犹存。也不知《每日邮报》怎么发现了后头湾，反正消息传来那天，几乎每个舟山人的微信朋友圈都被后头湾刷爆。之后几天，赶去后头湾一探究竟的本地人和外地人实在太多，当地政府不得不通过媒体告知大家，别来了，后头湾还不具备旅游开发的条件。

213

嵊山岛古代叫尽山，中国海岛之尽处也。从嵊山岛往东，乘两小时快艇，在那个地图上标注为“童岛”又标注为“海礁”的地方，可以看到中华人民共和国的界碑。

嵊山岛上，广场叫“尽山”，有一家店铺叫“尽海”，尽山尽海，天涯海角到了。

这么一个偏僻之处，当年带鱼汛期却有十万渔民。岛上号称嵊山第一大街的兴隆街，两三米宽，像一条又细又长的海鳗，数以万计的外地人拥来挤去。

214

韩寒在电影《后会无期》的宣传造势中“爆炒”了“东极岛”。不过他通过微博发文声明：所谓“东极岛”，其实由三个岛屿组成，主岛是庙子湖岛，旁边是青浜岛，最远处也就是最东边的叫东福山岛。

“东极岛”的正确称呼应该是“东极诸岛”，尽管韩寒发了声明，但自从有了《后会无期》，人们觉得多个“诸”字太没味道了，也有人建议地名办，东极诸岛干脆改叫东极岛吧。

215

人们去东极诸岛，是看不到《后会无期》里的什么东西的。岛上山顶，孤零零耸立着一座空荡荡的小房子，那就是《后会无期》留下的外景，并没多大看头。

借韩寒一句话，可以说明白一名游客身处东极诸岛的心境：当你眼前只有辽阔海洋，当你耳边只有寂寥海风，你会觉得很多喋喋不休的事情如此遥远和无意义。

没有韩寒，东极诸岛终究也会为人所知。韩寒只是一个推手，最多算是个发现者，但我们还是要感谢韩寒。

216

庙子湖岛居民都是福建渔民后裔。福建人称“庙”为“庙仔”，称水池为“湖”。最早的福建渔民上岛后，见岛上有庙，庙前有一水池，就叫这座岛为“庙子湖”。这事被载入明代谢肇所撰笔记《五杂俎》。

庙子湖岛山顶，立着陈财伯的雕像。陈财伯在一次渔船触礁海难时漂泊到这里，从此每逢大雾天，他就跑到山顶堆薪点火，引导过往船只。死后人们为他建庙，塑泥像，日日供奉，“青浜庙子湖，菩萨穿龙裤”的谚语便是这样来的。龙裤，即渔民出海捕鱼时穿的裤子。

庙子湖岛山顶立着陈财伯雕像

217

庙子湖岛上，有个“海子”张海俊，开设了 YHA（国际青年旅舍）。

张海俊曾随赴美就读工商管理硕士的太太王晓蕾，居住在加利福尼亚州，住的是海边房子。后来王晓蕾被某著名通信公司聘为总监，派回中国。恋海的他们，玩遍了东南亚。但张海俊觉得，去一次东南亚，需要花三天时间在路上，就很想找到一个当天就能到达的看海地方。再后来他们找到了庙子湖，买下了一幢面朝大海的民居。

用张海俊的话说，这个地方，离现实不远，离梦想很近。

218

东极诸岛最有趣的，莫过于它被评为中国自驾游三十六条极致路线之一，获得过全国最文艺路线奖。颁奖典礼上，上台领奖的舟山旅游民间宣传大使杨光安，说得很机智也很得体："每条线路，都有自己的特性。东极虽偏远一些，但它在最东边，就蒙上了神秘的面纱，且岛上的景观，不亚于一些知名景点，这也是让很多人觉得它具有文艺范的理由吧。"

估计参与评选的人，都没上过东极诸岛。他们不知道岛上连自行车都骑不了，还隔着汪洋大海，没法自驾的。

219

为什么叫东极呢？那里是中国最东边的住人岛。20世纪第一缕阳光就是去东极诸岛之一的东福山岛看的。

上海天文台研究员梁世光，用格林尼治天文台的测算方法，以海平面为基准做了缜密计算，测定的结果是："海洋世纪曙光"最早在舟山，地点在东福山岛（东经122°45′52″、北纬30°08′04″），时间为早晨六时四十五分，这个数字比有第一缕阳光之说的石塘（六时四十六分）早了一分钟时间。

这是舟山最珍贵的一分钟。

220

东福山岛只有三点二七平方千米，打个球都要滚到海里去。说在舟山打篮球，球要滚到海里去的人，估计只到过东福山岛。

这么个小岛，在我国唐代全国性测绘地图——《十道图》上，竟然有它的岛名。而传说中秦朝方士徐福东渡日本的锚泊地，也有东福山的份，只是那时候，它叫东霍山。

221

东福山岛渔民，多数以拱淡菜、铲海螺为业。铲海螺比较简单，爬得上礁石就行；拱淡菜就难了，必须潜到海水深处去拱。

舟山本地的厚壳贻贝，也就是淡菜，喜欢附生于浪大流急的潮间带以下一米至十米的岩礁上。那些被当地人称为“水乌龟”的拱淡菜者，作业时身系腰篓、手操铁铲，潜下海去采捞淡菜。铁铲上有两只钩钯，是“水乌龟”自己特制的；腰篓口小肚大，铲来的淡菜放入篓内，不会被潮流冲出。

“水乌龟”潜海前，先深呼吸，往丹田充足气，然后扎入海水下数米至十余米深处，潜至预先选好的礁岩处，两脚脚背钩在礁石下方，以防身体上浮，左手撑住礁石凸起处，固定体位，右手执铁铲，用力铲淡菜，并往腰篓里装。

不过现在他们大多用上了带有氧气瓶的潜水装置，安全是安全了，憋气下潜的特殊技能也快要失传了。但没人为此感到遗憾，毕竟安全最重要。

人类许多特殊技能，并不是不想丧失就不会丧失的。可能科技每进步一次，人的身体技能就会后退一次。

222

“云雾满山飘，海水绕海礁。人都说咱岛儿小，远离大陆在前哨……”这首红遍大江南北的军旅歌曲《战士第二故乡》所唱的神秘小岛，就是东福山岛。

东福山岛最高处是上庵基山，海拔约三百二十四米，是东极诸岛最高峰。歌中唱的“云雾满山飘”，正是上庵基山顶常常笼罩着的大朵白云。

写这首歌歌词的是岛上战士张焕发，当年才十八岁，这其实是他写的一首诗。1963 年春，南京军区作曲家沈亚威下连队到了东福山，在黑板报上看到这首诗，抄在笔记本上。这年底，这首经他谱曲的歌在北京获全国优秀歌曲奖。之后，这首歌却沉寂了二十多年。直到 1985 年，在沈亚威作品专题音乐会上，歌唱家李双江唱了这首军旅歌曲，它才红遍大江南北。

223

苏小明以一首《军港之夜》而一举成名，此歌词也是在舟山写的。央视音乐频道《乐游天下》以“蚂蚁岛上唱军港”为题，介绍过蚂蚁岛和《军港之夜》。主持人、海政歌舞团青年歌唱家吕薇说：“马金星老师因为写了《军港之夜》，和蚂蚁岛结下了特殊的情感。之后呢，他写了一首小诗《遥念蚂蚁岛》：‘梦中屡回蚂蚁岛，枕边总在涌波涛。当年斯地觅小诗，赐我灵感写歌谣。’”

《军港之夜》也红遍大江南北，舟山简直是军旅歌曲之乡。

224

蚂蚁岛最有名的，是全国第一个渔业人民公社，至今旧址仍保留着。

1958年，蚂蚁岛人民公社横空出世。10月4日，《人民日报》发表通讯《第一个人民公社——访五年来乡社合一的蚂蚁岛》。11月，刘少奇视察舟山时，在“南昌号”军舰上召见公社负责人，并远眺蚂蚁岛。

蚂蚁岛成立人民公社后，第二年9月建起一座三十千瓦的火力发电厂，成为舟山群岛第一个实现电灯照明的海岛渔村。但受“大跃进”浮夸之风影响，也曾出现“平均每二十三分钟办一个工厂”，三天办起一百八十七个工厂的狂潮。在1960年6月公社食堂解散前，还曾一度实行“十包”，即包吃饭、包穿衣、包教育、包福利、包治病、包理发洗澡、包来回沈家门船费、包看电影、包婚丧费、包居住，从而把供给制加津贴的分配方式推到极致。这些都使蚂蚁岛继续走红，当时的说法是“小小蚂蚁抵苏联”。1960年3月下旬，全国海洋渔业蚂蚁岛人民公社现场会在蚂蚁岛召开，会上发出“把蚂蚁岛人民公社红旗插遍全国渔区”的号召。

225

现在说起“蚂蚁精神”，只提及“火熄船”和“草绳船”，那才是真正有意思。

“火熄船”“草绳船”都诞生于1954年3月。全岛男女老少集资九千五百元，从舟山造船厂购买了岛上第一对大捕船，由于资金来源于社员们变卖铜火熜，故称该船为“火熜船”。紧接着又为购置第二对大捕船，合作社从邻近的桃花岛、朱家尖岛、沈家门等地买来大量稻草，全乡社员搓出了六万公斤草绳，价值约九千六百元，购买了第二对大捕船，命名为“草绳船”。

226

蚂蚁岛出名的还有虾皮，它是浙江省虾皮之乡。

蚂蚁岛虾皮用饭虾制作。饭虾是大黄鱼、小黄鱼的主要食物之一，一种像糯米饭一样柔软的虾。用饭虾制作的虾皮，色泽晶亮，肉质坚实，堪称虾皮中的上品。

每年 11 月至第二年 2 月，是饭虾的旺发期。虾皮加工有两种方式，捕上后直接日晒，或烤熟后晒制。

舟山最鲜的一道汤叫紫菜虾皮汤。这道汤，一定要用蚂蚁岛虾皮。

227

舟山，连“私奔”也是特妙佳处。

有一部电影《私奔 70 年》，摄制组看中了葫芦岛。导演说，葫芦岛的景色很符合电影的主题，特别是岛上那种经过时间洗礼，原本外表光鲜打磨后变得更加耐人寻味的场景，非常适合电影内容。

影片讲述一个对生命绝望、想要跳楼自杀的十六岁少年石头和一个罹患癌症且已到晚期的少女小如，用短短的七天时间，体验了余后七十年里毕业、恋爱、结婚、生子等人生大事。有点穿越，有点魔幻。

私奔就去葫芦岛吧。

228

葫芦岛位于舟山本岛的东北方，处于莲花洋上，与普陀山隔海相望，最近处只相距七百米左右。

去葫芦岛不是很方便，仅有一条从半升洞码头出发的客运航线，隔日一班，若当日赶不回来，便至少要在岛上住两个晚上。

这个岛，确实形似葫芦，两头大，中间小。岛上有一个港湾，形状也很像一个葫芦瓶。面积很小，只有约八百二十平方米。

两百年前葫芦岛才有人居住，是舟山最晚住人的住人岛之一。渔民们先是在岛附近进行捕捞作业，以春夏汛拖墨鱼为主，慢慢地就上岛搭起草棚，晒墨鱼鲞，汛期结束才回家。再后来发现岛上土地肥沃适合种植，礁岩上有贝类，植被茂密可以砍柴，就在岛上定居了下来。

葫芦岛气候好，和普陀山一样是个冬暖夏凉的地方。岛上所有房子下面都有一个蓄水池，蓄水池和山上的水井相通，同时楼顶都有集水装置，下雨天雨水通过水管流到蓄水池里，所以岛虽小，不缺水。

去过葫芦岛的人，都说它是一个宁静美丽的原生态小渔村，这种美丽与对面不远处商业化程度较高的普陀山完全是两回事。“烧香拜佛普陀山，吃吃住住葫芦岛。”

总而言之，葫芦岛确实是个很适合私奔的地方。

229

以花果植物命名的小岛，在舟山除了葫芦岛，还有桃花岛。

桃花岛原本没有桃花，更不是因为桃花而得名，它另有一段典故。相传秦时隐士安期生在岛上学道炼丹，以醉墨洒于山石上，山石上就有了桃花纹，人们取这些山石珍藏把玩，于是岛得名桃花岛。后人不知，往往望文生义。写下《射雕英雄传》的金庸，也在这一点上误解了。

但现在去桃花岛，桃花源的景致倒是能够看到了，桃花岛百姓开始广种桃花，而所种的桃花，不是普通的桃花，是只开花不结果的观赏类桃花。这种桃花花期长，花形美，花香浓，像煞《射雕英雄传》里郭靖看到的桃花。

230

桃花岛上散花峰，真如金庸笔下对桃花岛的描写一般。

《射雕英雄传》中写道："船将近岛，郭靖闻到海风中夹着扑鼻花香，远远望去，岛上郁郁葱葱，一团绿、一团红、一团黄、一团紫，端的是繁花似锦。"而海拔二百五十多米的散花峰正是林木茂密，山上青枫、红楠、黑松、油茶成片，枫香树、香樟树、桧柏、水杉、修竹交错生长，其间点缀着自然生长的各色花卉，山腰栽培有大片桃树、李树、柑橘和葡萄等花木和果木，一年四季山色变幻，花团锦簇。这些，实为当地与书中最吻合之处。

这一点，恐怕连金庸也不曾料想到。

231

说到在舟山拍摄的影视剧,有人统计说是二十一部,但实际上并不止这个数。最早的是1934年的《渔光曲》,在舟山嵊泗拍摄的,那是中国历史上第一部获国际电影奖项的影片。最大牌的是莱恩·约翰逊导演的好莱坞大片《环形使者》,在朱家尖大青山国家公园取过景。不过,拍摄最多的是在桃花岛,金庸武侠剧有好几部在桃花岛拍摄。

232

金庸第一次来舟山是1994年4月6日,那次他没上桃花岛,只去了普陀山。

听说从普陀山到桃花岛坐快艇只要几十分钟时间,他有点遗憾地说:“桃花岛在我书中所占的位置不轻呵!这次时间太紧了!”

在佛顶山,有人朝远处指点着对金庸说:“看,那就是桃花岛。”远远看去,在普陀山东南的海面上,桃花岛如蓝色棋盘上的一粒棋子,清晰可见。金庸先生兴奋起来:“呵,这就是桃花岛吗?”他凝神看了一会儿,转身招呼摄影师给他摄影留念。

从佛顶山下来,金庸遇到了特意赶来的桃花镇文化站负责人周威文。周威文说:“金庸先生虽然来不了桃花岛,但我们无论如何得表达一下自己的心意啊!”“心意”是一张桃花岛地图和几本《桃花岛民间传说故事》。金庸欣然接受了,提笔在宣纸上题写“碧海金沙桃花岛”七个字。

233

在张纪中执导的四十集电视剧《射雕英雄传》里，桃花岛的戏共有一百七十场，按集数计有五六集。

大佛岩下，散花湖畔，一幢幢青瓦飞檐、古色古香的建筑，在绿树掩映下依山而建，这就是《射雕英雄传》影视城。

此地原是桃花岛上一个自然岙，人称泥螺岙，有十几户人家居住。后来人们围海造地，在山脚下利用后山散花峰的溪水，挖了个方圆百亩的水库，建了影视城后，水库改名为散花湖。

站在散花湖的大坝远远望去，波光粼粼的湖面衬托着一处处临水而建、依山而筑的亭台楼阁、水榭门楼。

影视城中共有五十多个仿宋代单体建筑，其中有郭靖、杨康出生的"牛家村"，江南七怪的出场处"嘉兴醉仙楼"，黄药师的"桃花精舍"，蓉儿闺房，陆乘风的"归云山庄"，黄药师之妻冯氏墓穴，等等。

234

拍摄张纪中版《射雕英雄传》时，金庸终于上了桃花岛，那是在2001年10月。在岛上桃花寨，他泼墨挥毫，题写了小说《射雕英雄传》中的两句诗——"桃花影里飞神剑，碧海潮声吹玉箫"，赠送给桃花镇政府。桃花岛赠金庸"桃花岛主"匾额，金庸笑纳了。

235

《射雕英雄传》写到桃花岛的不止一处，以三联书店1994年版的为例，分别在第一五六页、三七二页、六〇二页、六〇三页、六五五页、六九八页、六九九页，有大段发生在桃花岛的故事。

金庸来桃花岛时，有人问他所写的桃花岛，究竟是不是眼前这个桃花岛。

其实，这个问题金庸早已在《射雕英雄传》里写得清清楚楚："经杭州向东，雇海船过虾峙岛，出畸头洋向北，便到了繁花似锦的桃花岛。"这正是舟山桃花岛之所在。

中国沿海岛屿多若繁星，金庸先生写《射雕英雄传》为什么偏偏选择了舟山桃花岛呢？

金庸说，他是从地理书上看到东海有个桃花岛的。当时写《射雕英雄传》需要一个海上的岛，作为书中人物活动的天地。他觉得这个岛应该有一点浪漫情调的，既不能离大陆太近，也不能太远。桃花岛的位置正适当。它地处杭州湾外围的东海，离南宋时的首都临安（今杭州）不太远，从地理书上看，岛的面积也不小，南宋时又人迹罕至，很适合给黄蓉、郭靖、周伯通他们自由活动，演绎故事。不过因为金庸从来未去过桃花岛，小说中添进了他的许多想象。

他还对采访他的记者说："如果人们要证实《射雕英雄传》中的桃花岛原型是不是舟山的桃花岛，我可以肯定地回答——是的！"

《射雕英雄传》中，桃花岛上桃花阵中的郭靖与黄蓉

236

舟山高三学生黄文江，去香港太平山金庸住处拜访，赠送了自己写的一幅书法作品："飞雪连天射白鹿，笑书神侠倚碧鸳。"金庸回赠一套四本《神雕侠侣》，并在书的扉页上题字："黄秋林先生、董平女士（黄文江父母的姓名）：恭喜你们有一个可爱的乖女儿，她的书法极有前途。"

金庸并不认识黄文江父母，名字还是黄文江小朋友告诉他的。书赠黄文江，题字却给了她的父母。金庸的用意很深哪。

237

五年后，金庸来桃花岛时，黄文江又去见了金庸。工作人员破例让她进入金庸的房间单独与老人见面。

五年不见，小姑娘已长成了大姑娘。可当金庸见到黄文江手中拿着自己和这位小姑娘的合影照片时，一下子就想起来了："哦！你就是那个书法很好的小记者?!"这位黄文江是《舟山晚报》小记者。舟山小记者人数最多时达到一万多名。

敬一丹、水均益来舟山讲课，在从宾馆去会场的路上耽搁了，比原定时间迟到了十三分钟，就有小记者提问："你们怎样看待守时问题?"敬一丹、水均益先是一愣，马上向与会者致歉。讲课结束后，水均益感叹："来舟山最鲜明的印象是，除了大黄鱼，还盛产小记者。"这句话被记者引用为消息标题，刊登在报纸的头版头条。

238

《射雕英雄传》拍好后，《天龙八部》于2002年在桃花岛拍摄。原来的《射雕英雄传》场景"装扮"易容，成了《天龙八部》的场景，"归云山庄"摇身成为王夫人的定居地"曼陀山庄"，"黄药师庄"变成"丐帮总舵"，慕容复的"燕子坞"在"归云山庄"的大门外。

之后，桃花岛上又拍摄了《神雕侠侣》。迷人的沙滩上，独臂杨过练成了绝世武功黯然销魂掌;桃花林里,武三娘救夫,武三通因妻逝而疯;百花谷中,杨过与老顽童互出绝招,精彩搏斗。再接着,《鹿鼎记》在桃花岛拍摄了韦小宝在通吃岛、神龙岛上的所有戏;《倚天屠龙记》则把桃花岛打造成人迹罕至的"冰火岛"。

五部电视连续剧拍完后,桃花岛成了舟山"武侠岛"。

239

比张纪中来得更早的,是谢晋。他在桃花岛拍了影片《鸦片战争》,那是在1996年。

为拍这部戏,在桃花岛东北部鹁鸪门村的海堤上,搭起了一座"定海城",其实只是将防浪堤加高改建成城墙,中间部位建起城楼,两边各设城垛、炮位和旗斗。拍摄过程中,城墙和城楼被"英军"炮火轰得千疮百孔,但这么一个观光景点怎么能够放弃?于是拍摄结束后,当地政府出资对"定海城"进行了修复。

这个"城",与打响中英鸦片战争第一仗的真正的定海城,相隔很远呢。真正的定海城城墙早就被拆掉了。

240

1997年迎接香港回归时,舟山举行了三总兵公祭仪式。三总兵是葛云飞、郑国鸿、王锡朋三位总兵,他们率五千余名官兵所进行的定海保卫战,是鸦片战争中最为壮烈的战事,其悲壮程度连英军也为之动容。

这时很多人意识到当时中学课本所写的英军侵犯定海是在广州碰壁之后不得已而为之的说法并不正确，一些史学工作者开始研究定海保卫战的历史，国家档案馆提供了不少鲜为人知的档案资料，从而引起了史学界的一场地震。定海修建了鸦片战争遗址公园，叶辛、汪浙成等五名作家受邀来舟山采写"课本"，结果叶辛的散文《不屈的定海》、汪浙成的散文《竹山门》被选入北京市中学语文课本。

第二次定海保卫战

241

影片《鸦片战争》有一幕戏是在真正的定海古城西大街拍摄的。谢晋看到老街时，激动地说："我走过全国许多地方，保留得这么好的历史街区非常少有！"当时的定海古城保存尚好。

比谢晋更早，王丹凤1979年在定海老街饰演过《玉色蝴蝶》中的日本姑娘竹内君代，和项堃一起演绎了一对中日夫妇悲欢离合的爱情故事。西大街经过布置，变成了20世纪30年代日本大阪的一条小街，那时定海老街保存得更好。

242

旧时定海许多古桥都有桥铭。状元桥桥铭是"天开文运，石著谶符，张公应魁，启我后儒"。状元桥向南，有解元桥，桥铭为"会源流长，东注洋洋，两朝省魁，第逼河梁"。再向南汇源桥，桥铭"潴水朝宗，会流合泓，桥膺渎秀，灵阐天工"。还有一座带月桥，桥铭"清漪一曲，如月之湾，虹桥带秀，文运循环"。

桥有铭，多好，多精致！

243

20世纪60年代，定海西大街陶家弄口有家"李大岳大饼店"。这店里的油酥大饼，色、香、味俱全，香喷喷的，一咬吱吱响。大饼酥得一层层都可剥落。油酥大饼出炉时，香气溢了一街，大老远的人也慕名前来，队排得老长老长。有时排队看着摊大饼，会被油酥大饼的香气馋得口水直往肚里咽。

时光流逝，李师傅早已作古，如今的西街老人吃着温岭人做的鞋底爿形饼和香不起来的葱油饼时，就会想起李大岳油酥大饼，发上一番感叹。

244

慢慢在消失的不仅是一张油酥大饼。枸杞岛在嵊泗，不像桃花岛“名不副实”，岛上确实产枸杞，野生的，但如今已少见。

现在枸杞岛最多的是贻贝，俗称淡菜。枸杞岛是华东地区最大的贻贝养殖和加工基地，有“海上牧场”之称。

紫衣贻贝一年养一茬，一亩海域能养二百串，每串纯收入十元左右。一般养殖户养殖二十多亩，收入四五万元。

至于贻贝的营养，一句话概括：它是海水产里的鸡蛋。

哪怕现在枸杞岛上还产野生枸杞，估计也没人会去采摘了，收入不如养殖紫衣贻贝。

消失了总有消失的理由，不一定只有遗憾。

245

枸杞岛有三怪：

第一怪，汽车和船路上碰。路边甚至山冈上，都搁着大大小小的渔船，尽管车子是甲壳虫似的小车，但路上开过一不小心依然要与船头相碰。

第二怪，跳舞要带两双鞋。为何？岛上渔村，路崎岖不平，泥泞沾鞋，能穿一双沾土的鞋在舞厅跳舞吗？不行，得另带一双高跟鞋！

第三怪，OK 厅里剥毛娘！毛娘，紫衣贻贝也。岛上家家户户都养殖贻贝，连到卡拉 OK 厅里唱歌都要剥毛娘了。

246

枸杞海蜒，人称海上虫草，在舟山，只有枸杞岛、嵊山岛、壁下岛才产海蜒，以枸杞海蜒品质最优。

海蜒是一种小型鱼。它晶亮如银，半寸身躯，一双黑眼，生命虽转瞬即逝，却灿如夏花。

捕海蜒的网需要特制，像纱布一样。捕海蜒的渔民大多是捕鱼高手，因为海蜒生性灵敏，如不熟悉它的习性，就掌握不了它的行动规律。海蜒是在家门口捕的，即使到再外面一点，也不会离开岛上目力所及范围。十来条小机船，两条一起拖着一顶海蜒网，在清澈见底的海面慢悠悠地行进着，海蜒就捕上来了。

晒干后的海蜒十分鲜美，而且是越微小的海蜒越鲜美。“眯眼”海蜒最珍贵，是海蜒中的极品。“眯眼”就是海蜒被捕获时还没有睁开眼睛的意思。

247

枸杞岛上，出过国家女排队员，叫罗瑜。

2001年，十三岁的罗瑜长到了一米八二高，并且还在“天天向上”。这事儿搁谁家，谁家犯慌，她家人开始为她长大后的出嫁问题犯愁。一个在岛上采访的记者发现了罗瑜，然后经他报道，事情就发生了彻底改变。

248

枸杞岛有一块高约九米、宽约七点八米、厚约二米的巨石，上面镌有“山海奇观”四个遒劲大字，系明朝抗倭名将、都督侯继高来此督汛时所留。这道摩崖石刻是枸杞岛的标志。

249

枸杞岛周围的海，不同别处大海的蓝，是一种深邃的蓝。若是坐在枸杞岛海边发呆，你仿佛会被海水吸入一片深幽的世界。

舟山的蓝海区，主要为马鞍列岛区域，包括嵊山岛、枸杞岛、壁下岛、花鸟岛等。如果没有大风影响，海水能常年保持蓝色，其中以7、8月份海水质量最好，和马尔代夫的海水颜色差不多，蓝得晶莹剔透。

250

枸杞岛的第一家民宿阡陌客栈，民宿主人与房东签下十五年合约，起始租金不到两万元一年，便宜呀。

两年后，江苏无锡人苏苏，在枸杞岛找到了她准备开的“三不客栈”的地方。苏苏与六十多岁房东老太，从租期五年、八年、十年，磨到十三年，平均年租金仍要十万元左右。

在阡陌客栈开张后的这两年，枸杞岛房租价格像火箭一般往上升，原因是小岛游热了，枸杞岛，还有嵊山岛、花鸟岛，是离苏浙沪最近的蓝色海岛。

251

从空中俯视花鸟岛，它极像一只飞翔在东海上的鸟，飞行的姿态很悠闲。

252

花鸟岛最著名的是花鸟灯塔，被誉为远东第一灯塔，它被国际航标协会授予“世界历史文物灯塔”称号。

花鸟灯塔是东海最大的指路牌，所有进出长江、杭州湾，沿东海南下北上的船只，都离不开花鸟灯塔。

2011 年国家发行过《历史文物灯塔》特种邮票，共五枚，其中一枚是《花鸟山灯塔》。

253

中央电视台《走遍中国》栏目，到花鸟岛拍摄过灯塔工叶中央的故事。叶中央一家四代人都是守塔工。

叶中央爷爷，清光绪年间（1875—1908）做守塔工。父亲叶阿岳也是守塔工，在叶中央五岁那年，被海浪卷走。叶中央二十岁时接过守塔接力棒。有一年春节，妻子和四岁女儿在上岛看望他的途中遇难了。叶中央一直到退休都没离开灯塔。退休前，又将守塔职业传给了独子叶静虎。

除了央视，长春电影制片厂也拍摄过以叶中央为人物原型的影片《灯塔世家》。

254

清末时有一位身材瘦小的北爱尔兰人乘船登上花鸟岛，他的名字叫赫德，年仅二十八岁就成为清朝中国海关的总税务司。

同治九年（1870），赫德赴沿海各地勘定灯塔位置。花鸟灯塔有一石碑，上面刻着“同治九年清政府海关海务科建造”。

我们应该记住赫德，只要看一下赫德的任职期限（1863—1908），再对照舟山群岛灯塔的建造年代，就能恍然大悟——舟山群岛主要灯塔大多建于赫德任职期间。

花鸟灯塔

255

在长江口外的东海上，从北到南，百年历史灯塔包括：

西线：大戢山灯塔（1869）、唐脑山灯塔（1907）、鱼腥脑灯塔（1872）、大菜花山灯塔（1927）、大鹏山灯塔（即太平山灯塔，1902）、七里峙灯塔（也叫七里屿灯塔，1865）。

东线：花鸟山灯塔（1870）、白节山灯塔（1883）、半洋礁灯塔（1904）、下三星岛灯塔（1911）、西鹤嘴灯塔（1871）、小龟山灯塔（1883）、普陀山灯塔（1952）、洛伽山灯塔（1890）、东亭山灯塔（即外洋鞍灯塔，1907）、桃花岛灯塔（1969）。

中国灯塔看浙江，浙江灯塔看舟山。

256

在舟山史书上唯一记载为“雾岛”的，是花鸟岛。因为常年有雾，岛上的山峰也被称为雾露峰，峰上花鸟灯塔还特意设置了雾笛，供雾天近距离导航，每八十秒鸣响一秒半笛声。

自从有了霾，世人已不识雾为何物。花鸟山的雾，是水汽氤氲之雾，吸进去滋润心肺。

257

“离岛·微城·慢生活”，是嵊泗人近年提出来的一个旅游理念，又似乎不仅是旅游理念，也是他们所崇尚的生活态度。

“离岛·微城·慢生活”，花鸟岛是个标本。

花鸟岛绝对是个“离岛”，若从空中俯瞰，它就像一块绿玉遗落在舟山群岛最北端的一片汪洋之中。

“微城”，应该有点像北欧小镇，生态、养生、休闲，花鸟岛也具备。春花烂漫时，它像海上的童话世界。古老的灯塔村，保留着原始的渔村风貌。

至于“慢生活”，那也不用说了，一位驴友说：“无所事事的这几天让我们拥有了太多美好的瞬间：可以是两人相拥着坐在石阶上喃喃私语看夕阳；可以是一只不期而遇的小猫或小狗陪着我们一起在岛上散步；也可以是餐厅里好客的主人送上的一杯淡茶……生活的乐趣不就是这些小小的感动堆积而成的吗?”说得多好呀!

258

花鸟岛大部分房子都是白墙蓝窗,蓝白相间的主色调营造出了地中海风情。到了花鸟岛,就像到了希腊圣托里尼。

花鸟岛的小道由青砖和鹅卵石铺就,家家户户的窗台上种着鲜花,篱笆都是错落有致的。啤酒瓶、旧船板、鹅卵石、酒缸,在墙体上组成一幅文艺范十足的壁画。有一家叫“五码”的民宿,房间大多以舒婷和徐志摩的诗命名,房内没有电视机,却有枕边书。一楼有个很大的公共空间,可以玩时髦的“桌游”。

花鸟岛上几乎看不到垃圾。早在上海实行垃圾分类之前,花鸟岛的垃圾就都被送到投放点了。经检查,干湿确实分过类的,两袋垃圾就能让住户获得十分抵偿分,相当于一元钱。积攒到月底,住户可以拿到相应的购物券,到乡里指定的商铺兑换日用品。

格调很国际,体验很“花鸟”。

259

花鸟岛的定制旅游在全国独一无二。

所谓定制,其实就是把整个岛当作一个大会所,每天限制游客三百人,名额满了就说“恕不接待,欢迎下次光临”。这三百位客人,可以享受专属的游船和专属的车辆、管家、民宿,三餐配送,还可以提供个性化服务。专职管家照料游客岛上的生活,她们都是岛上的中年妇女，统一着装，烧得一手好菜。

换句话说，上了花鸟岛，除了玩和发呆，什么都不用你操心。

260

诗人舒洁在花鸟岛写下一首诗《花鸟岛圣境》：

“我看见一只水鸟/飞过你的秋天，它比桅杆高一些/比天光低一些/它绝对超越人的理想/但无法超越你的圣境/你的秋天的歌声，在海岛之间自由穿行/你的圣境啊/在不朽的时间里，在海中。”

这一天，中国作协诗歌委员会授予花鸟岛“中国诗歌之岛”称号。

当诗和远方交会在花鸟岛，一下子擦出了火花。

261

初次去嵊山岛，听嵊山人把游泳叫作“游河”。可岛上没有一条河呀，原来“游河”就是在家门口的海里游泳。在嵊山人眼前，家门口的海算不了海，充其量只是“河”，那么他们认为的“海”在哪里呢？

青浜岛上，渔民也将家门口的海叫得很小，叫作河浜，去海边游泳说是去河浜游泳。多了一个“浜”字，是因为他们的祖先，大多来自江南河浜水乡。

嵊山在嵊泗县，青浜在普陀区，两岛相距很远，把海叫作河的风俗却相同。看来只有经历过大风大浪的人，才会理解“近海远洋”，才能发现“近海”的亲近。

262

嵊山岛民是清一色的渔民，男人出海捕鱼，女人和孩子去弄汏横。嵊山人把海边的礁石叫作汏横。汏横上有佛手、蛎黄、洋出、海菜等等。只有舟山人才知道，这些生长在潮间带和潮下带浅水区礁石上的小海鲜，比从大海里捕来的大海鲜更好吃。

263

弄汏横的专用工具是触榔头，铁铸，一头为榔头，另一头为铲子。弄汏横时，人站到浸润在海水里的汏横上，用触榔头将小海鲜采撷至盛有海水的小铅桶里。

弄汏横有风险，特别是在晚上，弄着弄着潮水涨上来了，你只能游回岸来。如果浪大潮急，那就有生命之忧。

这些担心都是城里人看到后的担心，嵊山人是不在意的，反而会安慰你：哪有这么差的运道？

264

礁生小海鲜，现在最难吃到的是“佛手”。它已属濒危资源，采捕要凭许可证，舟山也只有在嵊山岛还能经常吃到。

“佛手”的学名叫龟足，龟足看起来很像佛手，于是舟山人就叫它“佛手”了。外地人首次听到“佛手”，常要问“佛”字怎样写，一听“佛”

是佛，就会吓一跳：舟山人连佛手也敢吃了。

265

“佛手”用清水焯一焯就可以吃。吃的时候，先放在嘴里轻轻一吮。待鲜美汁水涌入口腔，再咬上一口，肉的鲜嫩在唇齿间回荡不绝。舟山吃货们有句话：不知道“佛手”，还敢说自己是海鲜达人？

266

有次去嵊山，酒桌上有人叫大家猜个谜语，打一物：“礁上礁下，左邻右舍；滑里滑塌，动动就射；花里胡哨，凹里凹搞；红烧作羹，味道蛮好。”我自然猜不出。

原来是“石奶”。

“石奶”生长在礁石下面，就像一把撑开的小阳伞。但餐桌上的“石奶”，其丑可与毛毛虫相抗衡，许多人因此是战战兢兢下筷，不过一入嘴，肯定是“哇！味道好极了”，然后风卷残云般把那盆丑八怪装进肚里。

267

“石奶”学名海葵，它长得像植物，实际上却是食肉动物，一种无脊椎动物。

书本上认为海葵有毒，但在舟山，有一种“石奶”却是美味佳肴。嵊山人都知道，采捕“石奶”，一定要认准色泽褐黄或青黄的，色彩斑斓、形体奇异的不要，这有点像采野蘑菇。

268

有毒的食物常常都是美味。有一种海丝螺，现已被禁食，但以前是夜排档的招牌菜，据吃过的人说很鲜美。

还有乌狼鲞。乌狼鲞㸆肉绝对是舟山渔区一道很有特色的名菜，过去此菜不仅用来招待贵客，而且妇女做产后也当作营养品来吃。由此也有了舟山鱼鲞的一种独特做法——㸆。㸆就是用文火慢慢地烧，使调味料深深地渗入食材。乌狼鲞㸆肉烧好后，鱼香混合着肉香，散发着特有的浓香，会引得食客口水直流。

269

关于乌狼鲞能不能吃，在舟山曾有过一番讨论。后来，当地一位研究海洋生物多年的大学教授站出来解释，说舟山人俗称的乌狼鲞，其实就是兔头鲀鲞。兔头鲀的肝脏、卵巢有毒，肌肉、皮和精囊无毒。为什么舟山人还在食用且无事呢？这与舟山渔民的剖鱼和烹调方法有关。他们根据长期积累的经验，将兔头鲀从背部剖开，除去有毒部分，将鱼在水中反复清洗，洗净血渍后撒上海盐，然后放在烈日下暴晒，制成硬邦邦的状如树皮的乌狼鲞。做乌狼鲞㸆肉前，要提前把乌狼鲞放在水里泡软，然后洗净切块。或许有了这么一个过程，就清除了兔头鲀里的毒素。

不过，除了兔头鲀，还有东方鲀。东方鲀虽肌肉、皮、精囊也无毒，但卵巢和肝脏却有剧毒，肠也有毒。若是用东方鲀制作的乌狼鲞，危险性就大了，所以现在舟山人吃乌狼鲞若不懂得辨别，还是有点怕怕的。

270

一桌海鲜宴，自然少不了汤。特别是喝酒喝到上头时，若有一碗鲜美的汤解渴解酒，那就太有滋味了。舟山海鲜汤中，除了最大众的紫菜虾皮汤之外，还有胭脂汤，堪称绝品。

我在嵊山吃过胭脂汤。清汤一盆，汤色青绿，沉有数粒黑壳。拿勺在盆中一搅，嫩嫩的“胭脂玉”便浮了上来。我惊奇于这么一把如豌豆大的“胭脂”，没加任何作料，烧这么一大盆汤，居然也能这么鲜美。

“胭脂”是一种看上去像半边蛤蜊一样的贝类。它像鲍鱼一样背着壳，碰到危险时，会用吸盘紧紧吸附在礁石上，所以采挖时一定要轻手轻脚，然后以迅雷不及掩耳的速度抓住它。

271

有些海鲜，采用不同的吃法，味道会相差很大。

辣螺，把壳敲碎，酱爆最好吃，螺肉鲜嫩，汤汁鲜美，又咸又辣，佐酒下饭都相宜。

蛎黄当然要生吃，蘸着舟山土法酿造的洛泗座油，才能吃出它独有的鲜味。

至于红虾，除了生炝，再也没有能体现出红虾真正鲜味的吃法了。

272

想去看海上石屋，那就去黄龙岛。多年前我写过一篇《海上石屋》，还被编入舟山中学地方乡土教材，写的就是黄龙岛。

块石筑成的墙壁，长条石錾成的房梁、楼板、阶梯、扶手乃至屋顶的檩条，石板雕出的石窗，清一色石板铺成的地坪。除了石头，房子几乎没有其他建材。

石屋有古堡式，有寺庙式；有平屋，有楼屋；有单体，也有四合院联体式。每个村岙的石屋绵延生长，交头接耳，彼此相连，显示出成群结队抱团生存的一种状态。前后左右的楼房间，邻居们可以相互递烟点火。

岛上的石屋又与石景融为一体，除了最有名的“镇岛之石”元宝石，还有被当地人称为“诸葛亮帽顶山”的纶巾石，以及神猴石、心字石、晒经石、乌龟石、仕女石、巨蛇石等怪石。

这个“东海第一石村”，让人联想到南太平洋上的复活节岛。如果说复活节岛人工雕琢垒砌的巨型石像带有未解之谜的神秘色彩，那么黄龙岛上的各种奇石则浑然天成，更为灵动。

273

黄龙岛更稀奇的，是它曾经有过一段两省共治的历史。

黄龙岛有南、北两港。1875 年至 1951 年这七十六年，北港属于江苏崇明，南港属于浙江定海，中间以山岭为界。“小小黄龙，脚踏江浙两省”之说，便这样而来。岛上有个石刻，曰“东南半壁”，抑或有此寓意。

274

嵊泗基湖沙滩边,有一家“骑单车的人”民宿。民宿的老板是几个大男孩,都喜欢骑自行车。

入住“骑单车的人”,是一件有意思的事。需要用眼睛仔细观察你所看到的物品,是来自单车的哪个部件。比如大厅的椅子,你会发现是单车座椅坐垫制作的;吧台的装饰,是单车手柄;一抬头,你发现单车的车轱辘与灯巧妙结合在了一起。

海岛人只要肯动脑筋,思路会像海一样宽阔。

275

2015 年 10 月,习近平访英时,在英国女王举行的欢迎晚宴的祝酒词中,谈到了“二战”期间舟山渔民勇救日本“里斯本丸号”客轮上数百名英军战俘的故事。

1942 年 10 月,乘载一千八百十六名英军战俘的“里斯本丸号”客轮,行驶至舟山东极诸岛海域,误被美军鱼雷击沉,三百八十四名英军战俘漂浮海上,被渔民救起。

习近平在英国女王国宴上提起“里斯本丸号”,令一位英国老太太很激动。她叫多琳·佐敦,是“里斯本丸号”幸存者查尔斯·R.佐敦的妻子,当时已经九十五岁了。当时她已是“里斯本丸号”最后一名幸存者的家属。她写了一封感谢信给习近平,感谢他如此重视“里斯本丸号”事件。

“里斯本丸号”沉船事件

276

2015 年，伦敦时间 11 月 11 日，英国汉普郡利普胡克小镇，佐敦太太与家人一起，迎来了刚从香港飞抵英国的客人——带着“东极石”的英国退伍老兵费恩奇少校。

这年北京时间 10 月 2 日，舟山举行“里斯本丸号”沉船七十三周年纪念仪式，佐敦太太托人送来感谢信。“东极石”是作为回礼，委托费恩奇转交给佐敦太太的。

佐敦太太接过石头说：“岛上的石头好沉啊。”这话说得有点一语双关的意思，石头沉，感情也沉。

没过几天，东极人看到费恩奇从英国发来的照片，只见“东极石”已放在佐敦太太家客厅的展示架中，墙上还挂着一幅东极诸岛的渔民画《爷爷的爷爷》。

277

这幅《爷爷的爷爷》渔民画，是她和丈夫 2005 年来舟山时收到的礼物。

2005 年是世界反法西斯战争胜利六十周年，查尔斯・R. 佐敦偕太太及两个儿子重返东极诸岛。在庙子湖码头，他与当年救助过英军战俘的吴兰舫、沈阿贵等老人紧紧拥抱。在“里斯本丸号”沉船海域，他轻轻地抛撒黄白菊花瓣和英国国花玫瑰，哀悼遇难同胞。

佐敦夫妇养育了三个女儿、两个儿子，有外孙和外孙女共十个、曾孙一个。他说，如果不是东极诸岛渔民的援救，他不可能回到英国建立家庭，今天也就不会有这样一个大家庭了。

佐敦先生于 2009 年去世，佐敦太太于 2016 年去世。

278

2009 年 11 月 2 日，一艘来自瑞典的神秘仿古木船“哥德堡号”，在沈家门渔港靠岸，新华社播发了一条《瑞典仿古木船“哥德堡号”二百六十一年后圆梦舟山》的消息。

这艘“哥德堡号”，是“哥德堡三世”。“哥德堡一世”诞生于 1738

年，是当时瑞典最精良的商船，曾先后三次驶抵中国广州，开辟了中瑞间的“海上丝绸之路”。七年后，当它满载中国茶叶和瓷器，历经两年半艰难航行，终于驶近瑞典时，却在离哥德堡港仅九百米的海域触礁沉没。之后瑞典又建造了“哥德堡二世”，这艘船也在从中国回瑞典途中遇险倾覆。

老“哥德堡号”沿着海上丝绸之路来中国时，舟山曾作为停靠港之一被列入过考虑范围。但因为清政府不同意，未能实现对舟山的访问。“哥德堡三世”环球之旅计划刚出台，中国许多城市争相邀请。但除了老“哥德堡号”到达过的广州、与哥德堡市结为友好城市的上海，“哥德堡三世”选择了舟山。

“哥德堡三世”在舟山停泊了半个多月，舟山掀起了一股“哥德堡”热。

279

被毛主席称为“中国女婿”的马海德，是舟山女婿。

马海德原名乔治·海德姆，祖籍黎巴嫩，出生于美国。这位在中国工农红军、八路军、解放军里都担任过高级军职的西方人，是在延安窑洞与舟山姑娘苏菲结婚的。苏菲原名周素珍，出生在沈家门东横塘。

1987 年 5 月 17 日，马海德和苏菲来舟山省亲，此时苏菲已阔别家乡五十二年。周家人招待第一次上门的女婿，菜桌上摆满了沈家门传统特色菜——风鳗、钓带、炝蟹、泥螺、对虾、烤蟹、咸菜小鲜、红烧鲳鱼、鳓鱼炖蛋……马海德最爱吃鳓鱼炖蛋，连声说“这菜好吃”。

当时，外国女婿很少见，况且是结婚这么多年才第一次上门的外国女婿。

280

岱山县的第一个留学生毛起，1925年在巴黎大学求学时，结识并爱上了法国姑娘戴梅松。三年后获得硕士学位的毛起，因母亲病故回国奔丧，戴梅松毅然跟随毛起来到中国。毛起在衢山岛已有妻子杨氏，为了跟杨氏区别，衢山人称她为“法国夫人”。民国时一妻一妾不算奇事，但法国姑娘给中国人当妾却很不寻常。这位“法国夫人”直到1946年因要回国照顾年迈父母，才离开毛起。回国后两人仍书信不断，情意不减，直至1965年毛起去世。

1981年毛起的二儿子凤仔去法国看望法国妈妈时，看到戴梅松的客厅中挂着两幅油画，一幅是《海湾一角》，一幅是《毛家祖屋》，都是她在衢山时画的。在儿子的请求下，戴梅松沉思了好久，才点点头说："你把画带回去吧，也把我的心带回去。"

这位毛起也不是凡人，他在宁波效实中学就读时被后来号称“国民党第一支笔”的陈布雷看好并赐字“无止”；1937年他与严济慈一起赴法国参加第九届国际哲学会议，是唯一在会上宣读论文的中国代表；中华人民共和国成立后他被邀请出任浙江省教育厅厅长，但他拒绝了；现在仍有人说他是被冷落的国学大师。

281

舟山人与外国人通婚，自古就有。两晋时期，有个叫元洪庄的韩国女子为了给爹娘治病，卖身给当时去韩国经商的沈家门富商沈国公为妻，沈国公带着元洪庄回家，将她改名为沈清。现在沈家门有沈清园，舟山越剧团还排演过一出《沈清传》。

沈清在韩国的影响也很大，有两百多个版本的《沈清传》。韩国人传说中的沈清故事，多了一个结尾，说沈清后来又带着一尊观音像回韩国，当她把观音像捧到父亲眼前时，双目失明的父亲眼睛亮了；也有说她没回国，但叫人制作了五百六十九尊观音像送往韩国。

虽然内容有点不同，但将沈清定位为孝女却是一样的。

沈清园中一景

282

渔民说，船是有船魂灵的，不管大船小船都一样。

所以，每当新造好的船要下水，他们都要在船上举行一个祭祀仪式。

摆些供品，点些香烛，烧些纸钱，嘴里念念有词，祈祷平安。这种仪式，有的称“请船官老爷”，有的称“请太平菩萨”。

渔船有了魂灵，就像渔民有了保护神，这种同舟共济的生存命运，恐怕是一般人所无法体验的。

283

1956年5月，上海荣艺、朝民越剧团下放到岱山、嵊泗，这是舟山一个非常特殊的事件。也只有在那个年代，才会有整个剧团自愿放弃大城市优越的物质生活条件和艺术发展空间，永远扎根小岛，可谓“前无古人”。

这两家越剧团共有一百零三名演职员，自那年离开上海后，他们中的绝大多数再没返回上海，一直生活在海岛，直到老死。

他们来时的舟山，与那时的上海简直是天壤之别。高亭镇上唯一的商业街，没有上海半条弄堂长，对此他们还有思想准备。但在草台棚子里演出，棚子里煤油铁筒当台脚，稻草当屋顶，竹子做柱，油布围墙，用车皮运来的道具，如演出《七侠五义》《蛟龙扇》《红楼梦》的大型机关布景，限于舞台条件限制都没派上用场，却无疑是对他们艺术生命的最大打击。

这些剧团到来后的演出，场场爆满，连走廊过道都加座、加凳，挤得水泄不通。这股热潮一直维持了好些年。那时候，没有电影、电视，也很少有收音机，看越剧成为舟山人最奢侈的文娱活动。

他们当时的经历，堪比十多年后的知识青年上山下乡。知青后来都回城了，他们却一直留在了海岛。

几年前我采访他们这段历史时，最后问了一句，对此一生有何感受。他们之中的一位最长者，答了一句台词："卿情一生，唯为君痴。"其余众人默然。

卿是谁？君又是谁？

284

清初，舟山岛民大迁徙，迁到内地。临走时能带的东西都带走了，却把茶树留了下来——这么多的茶树也无法带走。迁徙后舟山成了荒岛，原来精心培育的茶树肆意疯长，成了野茶。

到了道光二十三年(1843)，英国植物学家罗伯特・福琼两次来到舟山，他惊讶于岛上到处都长着"山谷野茶"，于是盗采了一些茶树苗和茶种运到印度，栽种在东印度公司开设在喜马拉雅山麓的大吉岭茶园里。他把这个经历写进了《两访中国茶乡》一书，说要培育高品质茶种，用舟山"山谷野茶"做母本是最佳选择。

弃茶树，想不到还"弃"出了名堂。

285

第一次鸦片战争中的第一次定海战役中,水师总兵张朝发力主出击,是第一个向英军开炮的清朝将领,开战数分钟即被打成重伤。如果当时张朝发被英军的大炮一炮炸死了,那清朝政府肯定会给他嘉奖。只可惜他没有死在炮火连天的战斗现场,而是在伤重治疗期间,被朝廷以“愎谏丧师”的罪名定为“拟斩”,在肉体和心灵双重折磨的痛苦中含冤而死。

张朝发毕竟还留下了名字,还有个人——鲁王妃,同样死在战争中,同样死得轰轰烈烈——“投井死”,史书上却连姓名都没留下。那口宫井倒还在,让人不胜唏嘘。

286

定海人在外面说自己是哪儿人的时候,都说自己是舟山人,一般不会说到县名的。

岱山人、嵊泗人也如此。

只有普陀沈家门人例外,沈家门人很少自称舟山人,说自己是普陀人的也少见,他们更喜欢说自己是沈家门人。

沈家门过去只是舟山的一个镇,现在也只是一个街道,街道与镇平级。你见过杭州人称自己是某某街道人的吗?要是杭州人这样说,一定被人骂作“神经”。但沈家门人就是敢这样豪气万丈地说,我是沈家门人。

违反常理之处，总归有符合常理之因。沈家门是舟山最早的活水码头，人来船往，一向领风气之先，有“小上海”之称，所以敢这样牛。定海的历史比沈家门更长，唐朝就建置翁山县城，身处舟山首善之地，定海人的口气里一直有统揽全局的意思，所以定海人会说自己是舟山人。至于岱山、嵊泗，则是因为以前的知名度非常小，说出去人家也弄不懂是哪里人，所以还是往大里说。

287

定海与沈家门虽同属一岛，相距只有半小时车程，但两地生活，无论巨细，都有许多差异。就说南方都有的生煎包子吧，在定海，包子只煎一面，在沈家门却是“豪华版”，两面都要煎，称为“两面黄”。现在我这么说，大多数人尤其是年轻人会问一句：“这种区别有意思吗？”

放在现在，确实意思不大，甚至没有意思。

换个时空，在食用油凭票购买的年代，在每人每月只供应三两油的时候，生煎包子煎一面，或者煎两面，这种差别的意思就大了，简直是个哲学问题。

不同时空，有意思、没意思也会转换。

288

舟山有个有关鸡的故事。旧时定海竺家弄居民不吃鸡肉。相传，清顺治八年（1651）农历九月初二，清兵突袭定海城时屠城放火，相约要一直杀到鸡叫为止。当大火快烧到竺家弄时，天空被火光映红，竺家弄的公鸡以为是太阳出来了，一齐啼叫起来。闻到鸡鸣声，清兵收兵停止杀戮。公鸡打鸣，救了竺家弄老百姓的命。从此竺家弄一带的老百姓不再杀鸡，以示感恩。

现在竺家弄拆掉了，定海也再无人不吃鸡。这不是说定海人不感恩了，只是岁月毕竟相隔太久远，时间会抹掉许多记忆，使记忆只留在历史中。这样也好，至少不会使人活得很累。

289

舟山还有个有关鸡的故事，《清稗类钞》有过记载。

道光年间(1821—1850)，英国人占领舟山，携带火鸡前来，后来英国人退走了，一些定海人仍然饲养着火鸡。后来，上海开埠，这些乡民搭乘航船，把饲养大的火鸡运到上海，卖给租界里的西洋人食用。火鸡是西方人过感恩节的主菜，上海附近乡下又无人饲养，甚至连火鸡长啥模样都没见过。这样定海火鸡大受欢迎，饲养火鸡的定海人愈发多了起来，渐渐成了定海人的一种副业。1872 年《申报》消息，每年行销上海的定海火鸡有三四万只。

舟山人养火鸡，却很少听说有吃火鸡的。这样就很令人费解，在火鸡还没行销到上海滩的那些年，舟山人怎么会把火鸡一直饲养下去，以至火鸡没有断种？

或许，饲养时根本没指望过什么，既然长辈们饲养过，那就继续饲养着吧。没想到没意思的东西，最后变得大大的有意思了。

290

1958年拍摄的故事片《千女闹海》，以舟山妇女下海捕鱼为原型，反映了当时舟山妇女在渔场的生产、生活场景。影片在桃花洋面、普陀山、蚂蚁岛和嵊山渔场等地拍摄。2005年，《千女闹海》中的原型之一、时年六十八岁的许金杏向《舟山日报》记者讲述了当年下海捕鱼的情景。1958年6月，岱山南峰渔业队女社员们集资建造了"妇女号"机帆船，许金杏带着七名妇女随船出海捕鱼。这是舟山历史上妇女第一次下海捕鱼。第一次出海，许金杏整整吐了三天三夜。

几年前我去渔岛，发现现在的渔岛对妇女下渔船仍有忌讳。而且，查阅资料，许金杏那代人之后，再也找不到妇女下渔船捕鱼的记录。真不知许金杏她们当时是怎么破除渔岛这一古老忌讳的。

291

老舟山人没嗜茶习惯，平时只喝白开水，有茶无茶无所谓。每户家庭也会备些茶叶，那是用来招待客人的，不过只招待泛泛之交，若来的是故交好友，舟山人总会说"我请你吃老酒"。酒比茶显得有交情得多了。故街上过去只有酒馆，没有茶室。现在虽有茶室，但茶室里摆满了各种零食，甚至连面条、包子、馄饨、饺子都有，真不知舟山人是来喝茶，还是来吃零食的。

292

不爱喝茶的舟山人，却至迟在明朝就已开始培育茶树，连那时的贡茶中也有舟山的份。天启年间（1621—1627）《舟山志》，把茶归入“货属”类。“货属”共有物产二十三种，都是用来对外交易的。这说明舟山人虽不爱喝茶，但也知道茶是好东西，好东西就给外地人享用吧。

293

舟山人最喜欢玩“清墩”游戏。这是舟山人发明的一种类似“争上游”的扑克牌游戏，与“争上游”不同的是，“清墩”要用三副扑克牌。

说起“清墩”的发明，原因竟是舟山人嫌一副扑克牌用来“争上游”时炸弹太少了，炸得不过瘾。用三副扑克牌打，就有四个炸弹、五个炸弹、同花顺、六个炸弹、七个炸弹、排炮、清墩、连墩、兄弟墩、三连墩、三兄弟墩，这些“武器”一个比一个厉害，于是，你炸我，我炸你，边炸边大呼小叫，炸了个天昏地暗。

舟山男人说，打麻将是女人玩的，象棋、围棋是城里人玩的，跳棋、军棋是小人玩的，海岛人就“白相”（玩）“清墩”。

294

“清墩”是在渔船上发明的。渔民在大海里从事各种不同作业，都有一定的空闲时间。灯光围网、鱿钓晚上作业，白天抛锚，渔民上午睡觉，下午就无所事事；拖虾与涨落潮有关，一个昼夜撒四次网，下网后要等到落潮才能起网。渔民们称这些空闲时间为“清等”。在船上“清等”最寂寞，打牌当然是越热闹最好。

三副扑克牌“争上游”的玩法流行开来后，有人觉得需要取个正式的名称，想来想去，想到它是渔民空闲时间“清等”时玩起来的，就叫它“清墩”吧。

295

舟山有多少人在打“清墩”？一个叫徐海军的舟山人开发了一款“清墩”网络游戏，三年间注册人数达七万人，据说百分之八十五是舟山本地人。

不过，网上打“清墩”，只是打“清墩”的舟山人中极少一部分。因为舟山人喜欢打“话墩”。“话墩”就是打牌时可以用暗语和手势提醒队友出什么牌、扔不扔炸弹，牌差时还可真真假假、虚张声势、旁敲侧击地说些话，这些是网上打“清墩”无法做到的。而且，舟山人打“清墩”就图个热闹，坐在电脑前闷声不响打“清墩”也太无趣了。这样说来，舟山打“清墩”的人数肯定要比七万多得多。

296

中国沙滩足球运动是在舟山起步的，首届全国沙滩足球锦标赛2008年在朱家尖开幕，之后舟山连续举办了十届。一项全国体育赛事在一个城市举办十年，这是绝无仅有的。

还没有一个城市像舟山这样，一步一步从最小的擂台赛、射门比赛，到举办全省沙滩足球邀请赛、全国沙滩足球邀请赛，再到连续十届举办沙滩足球全国最高赛事锦标赛，最后建立了中国沙滩足球集训基地。舟山与沙滩足球画上了等号。

2013 年 1 月，中国国家沙滩足球队踢进了世界杯预选赛，同年 7 月又捧回沙滩足球亚洲杯冠军奖杯。舟山人自豪地说，中国沙滩足球的进步离不开舟山。

297

舟山“沙雕”比“沙足”名气更大。国际沙雕节已在舟山举办了二十届，不仅占领了中国沙雕的塔尖，还点沙成金，使朱家尖成了“沙雕故乡，度假天堂”。

一堆散沙不仅被“弄”成了神奇的艺术品，还“弄”出了一个风景旅游区，舟山人可真够疯狂的。

298

舟山有一对大名鼎鼎的“沙雕兄弟”，连续参加了二十届沙雕节。兄弟中有一人的女儿女婿也成了专业沙雕师。一家子以沙为业，每年有五个月的时间离开舟山去外地有沙的地方雕沙，连荷兰、法国、日本也去过。

299

有一座沙雕作品《为什么蜂鸟是百兽之王》，以二十二点四三米的高度，被英国吉尼斯世界纪录认证官认证为世界上最高沙雕。

这是出自尼日利亚的民间故事，讲述蜂鸟如何成为百兽之王的故事。“藏在老鹰背上的蜂鸟见其飞累了，便一跃而起，朝太阳飞得更高，最终聪明的蜂鸟成了百兽之王”，这幅沙雕作品把这一情景刻画得栩栩如生。

舟山国际沙雕节作品《为什么蜂鸟是百兽之王》

300

舟山人对“最”字特别偏爱。岱山风筝节放飞过世界最大的蛇王风筝，也是创吉尼斯世界纪录的。这只风筝，展开来时面积达八百八十平方米——相当于法国巴黎那座名叫《他们缔造了20世纪》的巨型壁画墙，有约三百米长——相当于一百层楼高。放飞时，动用了四十多名壮汉，才将风筝放飞升空。

301

舟山渔民画曾两次在中国美术馆展出。第二次展出时，二十八年前进京展览留下来的馆藏作品，重新装裱，和新作一起展出。

这二十八年间，舟山渔民画相继去过日本、德国、法国、挪威、西班牙、澳大利亚、美国展出，许多老外开始收藏舟山渔民画，有人说它是“东方毕加索”，也有人说它像日本稚拙画，但更大胆、更奔放。

普陀渔民画发展研究中心里挂着的渔民画作品，从几百元到上万元一幅不等。舟山渔民画还被制作成挂件、丝巾、雨伞、文化衫，人们穿戴在身上，成为街上的一道风景。

302

许多渔民画都有实实在在的生活故事。一幅叫《红脚》的作品在渔民画圈子里小有名气。作者是一位渔妇，在她的印象里，母亲每天都要去海边，把一只只贻贝捆绑穿线。长年累月暴晒后，母亲的大脚被晒成了红褐色，脚上还常附着虾米和贝类。这样的一幕在她心里成了永恒的记忆。她就把这个记忆画成一幅渔民画。这幅作品去日本展览，还来不及挂到墙上，就被一位俄罗斯收藏家看中，以八百六十美金买下。

303

化腐朽为神奇是舟山人的本领。

舟山民间手工艺人翁来英，到清华大学开过讲座，讲的是他制作船板画的事。他收集旧船板，通过火烙、雕刻和彩绘，把一文不值的破旧船板制作成一件件工艺品，既化腐朽为神奇，又具有海岛艺术特色。

304

舟山有个“泥岛”。“泥岛”并不是说整个岛都是泥，而是岛上有个全国闻名的海泥狂欢节。湖南卫视《勇往直前》曾来这里录制节目，拥有万千拥趸的演艺界明星，在海泥中畅快玩耍，像一群小孩子一样。

普通人在泥涂上是玩不了多久的，过了一把重温童真的瘾，也就上岸了。但看到以往屏幕上光鲜亮丽的俊男美女，在泥涂上被“蹂躏”得面目全非，那才叫过瘾。所以海泥狂欢节上，看的人总是比玩的人还多。

305

“泥岛”大名叫秀山岛。“兰山摇动秀山舞，小白桃花半吞吐”（《送冯判官之昌国》），苏东坡诗句中的“秀山”就是这个岛。

历史上秀山岛有个叫厉志的人，字骇谷，号白华山人，会写诗又会绘画，但他留存下来的作品并不多，当地也就没太把他当一回事。有一年，一位史学工作者在上海城隍庙附近旧书摊上，发现了一本《白华山人诗书画真迹》。此书刘海粟、吴昌硕题写书名，康有为、张謇、黄炎培题字，康有为评语为：“骇谷先生诗书画稿属题，读而览之，如嚼冰雪，如见高僧，如在奇松怪石灵岩古洞间，盖天台雁宕之灵秀。”何绍基甚至称他为两浙近代诗人冠冕。这样一来，人们就觉得他很不简单，已不仅仅是只在舟山有影响，那就成立研究会，研究研究吧。

306

舟山的鱼拓画，很有特色。所拓之鱼，是海里钓上来的，海里有多少种鱼，就能拓出多少幅题材不同的画。

这种画，拓画的过程比作品本身更有观赏性。

我曾观赏过一次鱼拓创作：先在桌上铺上泡沫板，中间挖空，深度恰好是鱼身厚度的一半。将鱼放入其中固定，周边垫上厚厚的报纸。然后开始在鱼身上涂各种颜料，使鱼的每个部位都有色彩变化。接着拿起一张生宣，整个儿覆在鱼身上，用手压实了，用刮板在鱼身四周刮出边界，再用牙刷击打宣纸，把颜料打进纸的纹理里；揭起宣纸，剪下腹鳍单独上色，拓在宣纸上。最后一步，是整个创作中唯一不用拓的部分——画“鱼”点睛。

鱼拓画的题跋上，一般都会记下此鱼所钓时间地点。拓者也是钓者，拓画时就会想起鱼跃出海面的神态，这样拓出来的画才生动。

307

舟山有个钓岛，叫白沙岛。它所处的海域，可钓鱼类繁多，除了章跳、海鳗、黄婆鸡、十六枚、美国红鱼，还有国际海钓运动公认的黑鲷、真鲷等珍贵鱼种，周围约五十千米范围海域，分布着三十多个海钓宜钓点。

白沙岛之所以叫白沙岛，是岛上岸边多砾石沙滩和鹅卵石，夜里乘船从附近海域经过，趁着月光的辉映，能看到岛上银白色的海滩，若是白天在阳光照耀下，放眼望去更是白茫茫一片，“白沙”一名因此而来。

因为举办了几次国际性海钓赛事，“钓岛”声名鹊起。

308

要是你听舟山人说起“大堡礁”，切莫先入为主认为说的是澳洲那个著名的大堡礁。

舟山也有个“大堡礁”，这是钓友们对舟山海域里两块深水礁丛的戏称。

一块在东福山岛东侧外海，距离舟山本岛约三十二海里处，那里有“东福大礁”；另一块在外洋鞍岛外约五十海里处，那里有“洋鞍大礁”。

这两块礁丛区，钓上“大家伙”的机会特别多，有人还钓上过近三十七斤的特大级章跳鱼，钓友们无人不晓。

309

舟山有专业海钓装备者不下五千人，为了更自由地海钓，越来越多的发烧友开始购置自己的游艇。至于被海钓吸引，奔赴海岛的各地钓友则更多。

9 月至 11 月，是海钓黄金期。这几个月，舟山的海钓论坛和 QQ 群里，外地钓友比本地钓友更闹腾。问清了鱼汛，从上海、江苏一路“杀”到舟山，然后垂竿天海间，享受前所未有的旷远与自由。

海　钓

310

舟山最有名的无人岛，是由七个无人岛组成的五峙山列岛，它被舟山人称为“鸟岛”，黑尾鸥、戴胜、翠鸟等四十二种水鸟在此聚集。每年盛夏，约四千只白鹭、三千只黑尾鸥飞舞。岛上还发现了两种国家二级重点保护鸟类——黄嘴白鹭和“世界神话之鸟”中华凤头燕鸥。

鸟岛保护区一百五十公顷海域范围内，不允许任何船只抛锚、人员上岛，所以人们无缘上岛或在岛屿周围乘船观赏群鸟翔集的奇景。不过西堠门大桥风景区有个远程视频观鸟平台，通过安装在鸟岛上的六个视频基站传送过来的画面，人们能观看到鸟岛上各种鸟类的栖息场景。

311

鸟岛对岸是岱山本岛。有一年，岱山本岛一个养殖塘里，每天会飞来几百只海鸟，以迅雷不及掩耳之势俯冲入水，将浮上水面吃饲料的虾、蟹，或者饵料中的小鱼小虾叼走。这些岛都是从鸟岛飞来的，不能抓也不能打，养殖户只好眼睁睁看着它们捕食。

312

鸟岛上发现的中华凤头燕鸥，是目前世界上最珍稀的鸟种之一，自1937年至2000年的六十几年间，全球一直没有发现过此鸟的踪迹，科学家们一度判断此鸟种已消失。直到2000年台湾摄影者才在马祖列岛重新发现这个物种。到了2010年，中华凤头燕鸥在全球记录到的数量只有二十四只，鸟类科学家们感叹它比大熊猫濒危多了。

舟山鸟岛上，共发现十四只中华凤头燕鸥。发现时间是2008年，之后几年它们一直在此繁殖。

313

到了2014年，鸟岛突然冷清了，鸟类总数大幅降低。尤其是各类燕鸥，往年最多时达到六千余只，而那年只有二百多只，中华凤头燕鸥才发现了一只。

管理鸟岛已近三十年的王忠德，听说象山搞了个“引鸟工程”，就跑到那里的韭山列岛去考察，发现岛上用模型假鸟和音响系统，吸引了大量鸟类，中华凤头燕鸥也在那里繁衍栖息。

王忠德回来后，也在鸟岛上安放了三百只模型假鸟，安装了三套音响系统。第二年5月起，岛上二十四小时播放燕鸥的鸣叫声，各类鸟儿又纷纷回到鸟岛栖息安家，总数达到一万三千余只，比最鼎盛时还多出一千来只。最让王忠德开心的是，中华凤头燕鸥也回来了，有近二十只，接近两年前的峰值。

中华凤头燕鸥

314

王忠德是中国野生动物保护协会颁发的斯巴鲁生态保护奖获得者、环杭州湾生态带十大绿色环保人物之一。就是他发现舟山有中华凤头燕鸥的。那一年他通过远距离拍照，发现燕鸥群中混杂了几只黑色嘴巴的鸟儿，难道这就是传说中的中华凤头燕鸥？他把照片传给省里专家，得到了肯定的回答。他当时的心情就像中了彩票大奖一样高兴。

315

舟山还有个摘箬山“科技岛”，以“长期零租金”提供给浙江大学，作为其海洋科教基地。

这个岛十分适合作为海洋科技的海上公共试验场所。它南侧滩涂外的一千米海域，水道最深处达一百米，是舟山群岛中海水最深、避风条件最好的海域。

现在那里已有三座连为一体的漂浮式海流能发电平台，这种平台在无人岛开发领域有推广价值；还有可模拟钻井“华家池号”，开展海底管道、水下生产设备的安装试验。

316

谢晋拍摄《鸦片战争》时，曾在摘箬山岛取景。岛上奇峰怪石众多，如狮子岩、老虎岩、牛鼻岩、歪头弥勒、仰天碗、仙女峰等；东面海岸有几十米高的陡崖，山体岩石层层相叠，每层颜色各异，有绿色、淡黄色、赭红色、青色，这是火山喷发时地壳中不同深度的岩浆喷到地面上堆积所形成的；后山岙岩石中还露出许多“石蛋”，颜色也有土黄色、灰绿色、紫红色、黑色。这些地貌特征都说明该岛是曾喷发过的火山口，与浙东南雁荡山相似。在舟山只有摘箬山岛有此地貌。

317

舟山是中国潮流能产业实验基地，目前国家部委扶持的十三个潮流能研究项目全部集聚在舟山。其中，岱山两座小岛之间的LHD模块化海洋潮流能发电项目，是全球装机容量最大的潮流能发电项目。

拥有四十六项核心技术专利的LHD项目，被列入联合国环境署发布的《全球可再生能源现状报告》，美国、英国、法国的研究机构都来参观过。项目团队正在研制十兆瓦模块化发电机组，成功后再推进单台二十兆瓦机组的研制，届时发电成本有望与火电竞争。最终，连同上下游的研发、生产、应用服务，这将是一个万亿级市场。

318

舟山有一些只有几个人住的小岛。刺山岛有大岙、中岙、小岙三个自然村，最盛时有人口两三百人，现在只有八位老人住在小岛上，其中小岙村住着三对夫妻，中岙村住着一对母子。

刺山岛位于定海南部海域。约在两百年前，有居民从大陆迁来定居，不知为什么选择了这样一个荒无人烟的孤岛而不选择近在咫尺的大岛。

现在从定海民间码头坐渡轮去刺山岛，每月六班，上午去，下午回。这六天便是岛上八位老人接受小辈探访之日，当然还有猎奇者上岛参观。

每逢清明，是岛上最热闹的日子，很多老人把坟做在岛上，儿孙们都会包小船前来扫墓。

319

许多现在已人迹稀少的小岛，都是自由行的好去处。

浙江卫视曾热播在嵊泗黄龙岛取景的综艺节目《漂亮的房子》。也是“黄”字开头的虾峙岛的黄石村，房子也很漂亮，是舟山最典型的石屋。作为曾经富饶有名的渔村，石屋档次自然不会差。最有特色的是窗户大多为圆拱形，粗犷中带点秀美。

大双山岛，位于虾峙岛与桃花岛之间，岛上住的大多是老人。当年在悬崖上用花岗岩垒建的一幢幢石屋，曾经是供销社、粮站、信用社、冷库，如今都爬满了藤蔓。庭院里长满青草，南瓜、丝瓜的藤蔓爬上墙头，绽放金黄的花朵。这又是一个被遗弃的绝美景点。

320

鼠浪湖岛被划入舟山保税港区衢山分区，成为矿石仓储中转口岸作业区。岛上两千居民整体搬迁到了衢山岛。

为了让子孙后代知道自己从何处来，搬到衢山岛的鼠浪湖岛民做了一只巨型沙盘，放在自己的新居住区里。这只沙盘面积有近三十平方米，沙盘上还原了鼠浪湖岛的一草一木，还有近四百幢居民房。虽然是模型，但是每一幢屋都有一个故事。居民常常围着沙盘讲起那些故事，讲给孩子听，也讲给邻居听，讲着讲着眼泪就流下来了，故土难舍呀。

321

舟山一千三百九十个岛屿，无人岛约占总量九成。这些无人岛，平均面积只有三个足球场大。

有专家建议，选个无人岛，要么全部放养猴子，放养孔雀，放养蛇群，要么全种上水仙花或是兰花，对外称作“猴岛”“蛇岛”“水仙岛”“兰花岛”，多有卖点。

322

舟山是中国较早引种玉米的地区之一。舟山叫玉米为“六谷”。中国人称稻、黍、稷、麦、豆为五谷，所谓“五谷丰登”就是指这五种粮食。“六谷”，意为可作为粮食的第六种谷物。比起称玉米为“棒子”，“六谷”显得太有文化了。

323

舟山人把疼爱叫作“值钿”。“阿爷值钿大孙子，阿爹值钿小儿子，阿姆值钿末肚囡（最后一胎生的女儿）。”这句舟山老话头里的文化就更深厚了。“值钿”本义为“值钱”，值钱的东西贵重，由贵重到看重是转喻，由看重到疼爱是隐喻。阿爷想的是大孙子可以马上传宗接代，阿爹、阿姆想的却是小儿子、末肚囡还小要多疼爱。所以这句话里既包含语义演变，还反映两代人的不同心态，文化含义实在太丰富了。

而且，舟山人的“值钿”，一般是长辈跟小辈说的，或者指长辈疼爱小辈。如果小辈跟长辈说“阿拉值钿侬了”，那就有点戏谑或者嘲讽的意思了。

324

外地人初到舟山，都会觉得舟山人说话比较生硬，虽同属于吴语区，但与吴侬软语相比，简直天差地别。其实这只是了解到皮毛，舟山话，硬里有软，有婉转，还有幽默。

舟山话里，“做生活”是“做工作”的意思，“吃生活”则变成了受惩罚的意思。一个“生活”，到了舟山人嘴里，有好几层意思，幽默吧？舟山形容一件物品硬度高，或者说一个人态度很坚决，就会说“石骨铁硬”，石头、骨头、铁加起来的硬，够硬了吧！

舟山人说话，有时也很婉转。不是很白就说是“白脱脱”，不是很红就说“红兮兮”，不是很黄就说“黄咕咕”，不是很黑就说“黑簇簇”，其他还有“咸吱吱”“淡屑屑”“甜蜜蜜”“苦得得”“麻及及”“痛几几”“亮刮刮”“暗寸寸”“鲜调调”“怕势势”等等，都是婉转的说法。这还不是最复杂的。“寿头”是舟山人的骂人话，但一男一女谈恋爱，男的动手动脚，女的便会嗔道“寿头刮气”，加了一个“刮气”，就不是骂人了，还有点鼓励他的意思，这就更加婉转了。

325

岱山长涂岛，有种倭井潭硬糕，硬得像惊堂木，咬、啃难断，但往桌上一拍，顿即迸裂，放进嘴里又松又脆、清香可口，食后余香不绝。有人说，这就像舟山人说话。细细一想，还是有点道理的。

326

“海龙王推倒庄”是嵊泗老大常常说的一句话，说这话时一般是笑眯眯的。外地人听了一头雾水，不知所云。这句话也很有文化，是把大海比作大牌局，海龙王是坐庄者，如果鱼汛旺发，那就是海龙王推了倒庄。

327

现在的舟山人，大多是三百多年前从南方各地迁徙而来的。迁徙前居住的地方不同，迁徙时一个地方的人又相对集中居住一个岛或几个岛，这样就形成了舟山四个县区甚至各个岛的方言也有不同。

在舟山四个县区的方言中，嵊泗方言主要是宁波话夹杂着舟山话，还有个别小岛闽南话、温州话与舟山话并用。嵊泗是纯渔区，方言中又掺杂进一些渔俗乡情，所以嵊泗方言是最复杂的。

328

如果你在嵊泗饭桌上，吃完鱼体的一面鱼肉时，主人会说“吃嘛吃嘛，顺着吃”，那是要你从鱼骨缝里拔出鱼肉来吃，不要把鱼翻身。渔民最忌讳翻船，连同“翻”字也是忌讳的。这时你如果感到不好意思再吃，主人就会再次劝你“鱼吃好了，鱼吃好了”，你就一定要再吃一点，因为“鱼吃好了”包含着“把鱼吃光”的意思，渔民盼望年年有鱼，“鱼吃光”不吉利，所以才会说“鱼吃好了”而不是“把鱼吃光”。同时，“鱼吃好了”还有家里的鱼吃不完尽管吃的意思。如果你不吃，主人会觉得很扫兴。

329

普陀方言中，“那话”（音）是玩耍的意思。一位学者研究发现，“那话”是从“傩舞”演变而来的，这也有点匪夷所思吧？但“傩舞”舞姿东倒西歪、前倾后仰、左顾右盼，以此来形容玩耍，倒也符合舟山方言把一种意思说到极致的特点。

330

上海人去嵊泗，要带猪肉回家。为什么？因为嵊泗猪肉便宜，政府实施最高限价，这让只出产鱼、不出产猪的嵊泗人非常自豪。嵊泗实行最高限价的还有白斩鹅肉。

331

舟山其他地方人去岱山，都要带回点“沙洋晒生”。沙洋花生是在海边沙土里种出来的，皮薄，颗粒饱满，晒得不干不湿，还有一种天然的咸鲜味，与其他地方晒干花生的口味完全不一样。但“沙洋晒生”数量毕竟有限，于是有一些商家把其他地方的晒干花生掺进去，半真半假一起卖，却从不完全以假乱真，有时还会主动告诉你，这花生中有一半是“沙洋晒生”，“沙洋晒生”数量有限，让大家都尝尝。

332

舟山目前是浙江省第一个对残疾人乘坐公交车实行全域免费的地级市。

333

舟山城市交通有两样东西很受人称赞。一样是礼让斑马线，那是学习杭州的，学得像模像样；一样是公交先行，每当交通高峰时段，公交车在专用车道上快速行驶，超越旁边一辆辆小车的时候，公交车上乘客的感觉好极了。我曾写过一篇评论，解释为何要公交先行。理由很多，低碳、环保、最大效率利用道路资源等都是理由，但舟山还有一条特殊的理由。交通拥堵是普遍的“城市病”，治堵最多只能减轻“堵”的程度或者不让道路更“堵”，上海、杭州只要地铁不堵（地铁也不会堵)就不会怨声载道。身为海岛城市,舟山没有地铁也很难建地铁,所以舟山公交先行承担着守住交通治堵底线的责任,再怎么优先都不为过。

334

巴黎的"左岸",是一个充满"小资"浪漫气息的名词。泗礁岛有一个"左岸公路",骑上一辆山地自行车,飞驰在长约二点八千米的左岸公路上,一边是绿意葱茏的青山,一边是波光粼粼的蓝海,每一次转弯都有惊喜等着你:老船木标牌、石笼标识、八蟹笼路灯……

无独有偶。岱山岛也有这么一条景观公路,串起了五个海湾和六个海岬,其间穿插着乡情谷、养生谷、创意谷、房车谷、露营谷,它的名字更牛,叫中国海岬公园。

335

在茫茫大海上,没有手机信号,无法和家人联系,是渔民出海时最痛苦的事。不过,这种痛苦现在也有办法解决了。

在定海科学城,有一家公司打造了一个"海上互联网"。只要安装了他们的基站设备,渔船哪怕驶在太平洋上,也能上网,用微信聊天,视频通信。他们有一个后台管理系统,记录渔船运行轨迹,哪艘渔船在哪个海域都清清楚楚,能够准确提供服务。最重要的是,不像海事卫星宽带服务那样价格昂贵,渔民们用得起。

有一千艘渔船已在用这种设备了。惊奇吗?

渔船的“海上互联网”

336

一切难以宣之于口、无处寄托的情感，都能以书信、明信片的形式记录下来，投递到舟山“漂流邮局”。邮局设在白沙岛、桃花岛、庙子湖岛，开张两个月就收到线上线下八百多封来自世界各地的书信、明信片。游客到漂流邮局可自由取阅，也可随时认领。

这种新鲜玩意儿原本出自日本，舟山人现在也很潮了。

337

舟山有两处海葬纪念碑。海葬地点设在靠近普陀山的莲花洋上，让亡灵安息在这片充满佛光灵气的地方，至今已实施海葬六百多例。

普陀山有个海葬纪念园，那里有一个生命密码间。墙上一个个小抽屉，是专属一个个家庭的记忆，输入生命密码，抽屉里的生命记忆就会慢慢展现在眼前，这份记忆可以是逝者生前录下的对家人的话，也可以是逝者生前重要的物件。

这就更加领风气之先了。

338

舟山是最适合航海探险的地方之一，很多探险家来此一试身手。

最著名的一次，是中韩五名探险勇士在朱家尖南沙海域坐上自制的“东亚地中海号”竹筏，开始了到韩国仁川的长达一千一百多海里的直线漂流。小小竹筏横漂了东海、黄海，经黑山岛、古群山岛、西海岸，抵达仁川，历时二十三天，探索了远古人类在无机械条件下的海上漂流活动。

在海上探险中，生命显得特别坚强。

339

重庆彭水“80后”小伙庹俊卿的中国大陆海岸线漂流，漂到第一百零四天时漂流到了舟山。他从鸭绿江入海口下海，计划漂流到广西防城港，到舟山时已漂流了四千千米。

之前庹俊卿已来舟山漂流过。他说，在舟山获得了第一次的海洋漂流挑战成功，线路是从朱家尖到东极，再从东极到朱家尖。他说：“舟山，是我海洋漂流梦开始的地方。”

340

一位女子在海上漂流三十八小时后被舟山渔民救起。

不要以为这也是一次探险活动，不是的，这是一次意外。落水女子是上海人，她和父母参加邮轮日韩游，从福冈回上海。航行途中她独自走出船舱，趴在四楼甲板栏杆上看风景，结果由于身体重心太过前倾，一不小心掉入海中。泡在海水里的三十八个小时，她没有东西吃也没有水喝，靠着强大的求生意志活下来了。

她说，九死一生中遇到舟山渔民，她是幸运的。

341

很多人来舟山寻访古迹，包括一些名人后代。

衢山岛中北部有个村落叫“皇坟基”，得名于村里小山丘中的一座坟。因为墓前曾经立有华表状的大石柱，所以岛民就觉得这是座皇帝的墓。“皇坟基”顾名思义是皇帝坟墓基地的意思，竟引得岛上一些史学爱好者纷纷进行考证。虽然坟墓早已被夷为平地，考证大多根据民间传说来推断，但结论相当惊人：丘中之墓，是曾与朱元璋争天下的陈友谅的墓。后来，陈友谅第二十四代后人，找到了与口传家族史高度吻合的“皇坟基”，几次前来探访。再后来就更加令人惊奇了，一位资深史学专家出版了一本《再读陈友谅》，书中也说衢山岛的“皇坟基”之墓，就是陈友谅的衣冠冢。

海岛历史，有着许多说不清的谜团。

342

舟山有座一万八千人合葬在一起的墓：同归域。

清顺治六年(1649)，明朝宗室朱以海在舟山建立行宫。顺治八年农历八月，鲁王北征吴淞，清军则分三路攻击定海。农历九月初二，定海失守，城内一万八千余名抗清将士等同日殉难。清军参将乔钵集中尸体火化合葬，并勒石横书“同归大域”四字。

南明抗清时期万余人的合葬墓，实属国内罕见。而清王朝不仅给抵抗殉难者建碑立域，还允许定海官方和民间以“屠城节”的名义祭祀他们，每年做春秋两祭，或作三祭、四祭。

在舟山，许多东西都像海水一样能够交融。

343

舟山历史上除了台风，最怕干旱。1967年夏秋季节，舟山四个多月滴雨未下，台风也消失得无影无踪，水库干涸，水井冒烟。上海市派出四艘油轮，往返四十航次，先后运送淡水约二十万吨。尽管那水有柴油味，定海码头边仍是一片欢呼声，大家提着各式各样的盛水工具，奔向油轮提水。

三十九年后的2006年，也是夏秋季节，这样的旱魔再次降临。但舟山再也不需要用油轮送水了，当时世界上最长、最大的跨海输水工程——舟山大陆引水工程已经通水，长达六七千米的输水管道从宁波姚江，穿越灰鳖洋，直至舟山本岛。

344

如果你去嵊山等一些小岛，问居民喝的什么水，他们会说，海水。如果你品尝一下“海水”，便会觉得这“海水”的口感与桶装纯净水差不多。

这种海水淡化技术叫“膜法反渗透”，目前舟山已有二十七个岛屿靠此技术解决缺水问题。而在越南、印尼、菲律宾、巴基斯坦、伊朗、沙特、吉布提等十余个“一带一路”国家，这种最早在舟山使用的海水淡化技术装置也已广泛推广。

345

外地人如今都能吃到活蹦乱跳的舟山梭子蟹,只要你想吃。

这事放在三十多年前那是做梦。三十多年前是捕来的活蟹拿到家里变成死蟹,运到城里变成冻蟹。

1985 年的一天,嵊山岛经过暂养的活梭子蟹首次空运日本。舟山人喜欢用“时代”一词来概括一种历史性的变化,比如大桥时代、新区时代、自贸区时代。“活梭子蟹暂养术”研发成功,舟山人说,它标志着海水产品加工从“冻品时代”迈入“活品时代”。

这一技术的研发者,名叫郑根仕,人称“活蟹大王”。郑根仕发明这项技术后,选择放弃专利,结果这项技术被列入国家“星火计划”,在全国沿海地区得到广泛推广应用,光是舟山就办起了三百多家活蟹暂养企业。有人问他这是否值得,他说如果不那样就没有全国沿海地区海水产品加工的“活品时代”。如今你走进饭店,你会发现鱼活了,虾活了,螺活了……能活的都活了。

346

悬鹁鸪岛,原本有五十二户人家,主要是庄姓和朱姓。庄姓系原住民,朱姓则是 20 世纪 60 年代初从桃花岛移居过来的。三年困难时期,食不果腹,悬鹁鸪岛地多人少,朱姓人就来这儿开荒。但他们想不到的是,过了三十年又要搬迁了,原因是岛上没有幼儿园。

1985 年时,居民整体搬迁到桃花岛后,悬鹁鸪岛一直荒着。不过，再过几年，岛上又要人气旺盛了。一家大公司与舟山签约，豪掷十三亿元，在这里打造“普陀圣岛 1806 创意旅游综合体”。

名字怪怪的，前景却很诱人。岛上将有梦幻水王国、五星级温泉度假村、国际医养康复中心、树屋名宿酒店，还会有世界最长的滑雪道、潜水体验项目、水上高尔夫项目。

这个小岛的命运，真的如同坐过山车一般。

舟山，何尝不是这样?!

图书在版编目(CIP)数据

舟山有意思 / 来其著. — 杭州 ：浙江工商大学出版社，2020.5(2024.1 重印)

ISBN 978-7-5178-3587-5

Ⅰ. ①舟… Ⅱ. ①来… Ⅲ. ①舟山—概况 Ⅳ. ①K925.53

中国版本图书馆 CIP 数据核字(2019)第 252009 号

舟山有意思

ZHOUSHAN YOU YISI

来　其著

出 版 人	郑英龙　汪海英
策划编辑	沈　娴　方晓阳　方　杏
责任编辑	沈　娴
责任校对	何小玲
插　　图	郑思佳
封面设计	观止堂_未氓
责任印制	祝希茜
出版发行	浙江工商大学出版社 (杭州市教工路 198 号　邮政编码 310012) (E-mail:zjgsupress@163.com) (网址:http://www.zjgsupress.com) 电话:0571-88904980,88831806(传真)
排　　版	杭州朝曦图文设计有限公司
印　　刷	浙江海虹彩色印务有限公司
开　　本	889mm×1194mm　1/32
印　　张	6.5
字　　数	139 千
版 印 次	2020 年 5 月第 1 版　2024 年 1 月第 2 次印刷
书　　号	ISBN 978-7-5178-3587-5
定　　价	68.00 元